GUIDE DES
MUSIQUES DU
MONDE

GUIDE DES MUSIQUES DU MONDE

UNE SÉLECTION DE 100 CD

Yves Bernard et Nathalie Fredette

la courte échelle

Les éditions de la courte échelle inc.
5243, boul. Saint-Laurent
Montréal (Québec) H2T 1S4

Direction littéraire et artistique :
Annie Langlois

Révision :
Sophie Sainte-Marie

Conception graphique :
Elastik

Illustration de la couverture :
Carlito Dalceggio et Thomas Csano

Mise en pages :
Mardigrafe inc.

Dépôt légal, 4ᵉ trimestre 2003
Bibliothèque nationale du Québec

La courte échelle reconnaît l'aide financière du gouvernement du Canada par l'entremise du Programme d'aide au développement de l'industrie de l'édition pour ses activités d'édition. La courte échelle est aussi inscrite au programme de subvention globale du Conseil des Arts du Canada et reçoit l'appui du gouvernement du Québec par l'intermédiaire de la SODEC.

La courte échelle bénéficie également du Programme de crédit d'impôt pour l'édition de livres — Gestion SODEC — du gouvernement du Québec.

Données de catalogage avant publication (Canada)

Bernard, Yves.

Guide des musiques du monde

ISBN 2-89021-662-4

1. Musiques du monde – Discographie. 2. Musique – Appréciation. 3. Disques compacts – Catalogues. I. Fredette, Nathalie. II. Titre.

ML156.2.B47 2003   016.78'026'6   C2003-941477-9

À Carmen
À Thérèse

TABLE
DES MATIÈRES

AVANT-PROPOS

Il est difficile de proposer *la* liste des cent essentiels des musiques du monde. Une telle liste peut-elle exister ? La musique n'est-elle pas avant tout affaire de goût ? Du reste, comment dresser un inventaire sans faire de choix et abandonner l'idée d'écrire sur un des artistes d'abord retenus ? Notre passion pour les musiques du monde et le plaisir de la découverte, qui sont à l'origine du *Guide des musiques du monde*, nous ont inspirés. Les disques que nous présentons sont donc ceux que nous avons le plus appréciés parmi une multitude d'œuvres exceptionnelles. Précisons par ailleurs que nous n'avons pas résisté à l'envie de commenter plus d'un CD d'un artiste choisi et que nous suggérons en encadré d'autres découvertes au lecteur aussi curieux que nous.

Notre sélection compte plusieurs incontournables de même que des œuvres moins connues. Certains titres remontent à quelques années, mais la majorité des disques que nous commentons sont parus récemment. Certains livrent de douces mélodies accessibles et vite agréables, d'autres demandent une écoute plus soutenue avant de révéler leur substantifique moelle. Pour le plaisir, nous avons regroupé les disques sous vingt rubriques, proposant divers thèmes qui mettent en évidence une communauté d'esprit entre musiciens d'horizons semblables ou différents, et qui témoignent des échanges musicaux qui transcendent les frontières des pays. On les consultera au hasard, selon l'humeur du moment.

Les différentes acceptions du terme « musiques du monde » seront décortiquées dans l'introduction. Nous verrons comment le terme renvoie tantôt à la musique traditionnelle d'une région donnée, tantôt à la *world music* qui peut intégrer des courants de musique contemporains : rap, hip-hop, techno, house, etc. Ensuite, afin d'aider le lecteur à se retrouver dans cet univers foisonnant, nous retracerons brièvement l'évolution des musiques du monde au sein de la réalité québécoise.

À la fin de cet ouvrage, le glossaire des genres et des styles définira les principaux courants de musiques du monde (africain, arabe, celte, indien, latin, etc.) et il expliquera les influences des diverses musiques du monde les unes sur les autres. Puis, grâce au glossaire des instruments de musique, le lecteur trouvera la définition de mots qu'il chercherait en vain dans la plupart des dictionnaires. Ainsi, l'admirateur de Cesaria Evora saura désormais ce qu'est un cavaquinho, le fan du Buena Vista Social Club saura ce qu'est un laoud ou un guiro dont jouent les papis cubains. Enfin, on pourra se référer à deux index classant les musiciens et les formations par ordre alphabétique ou par pays d'origine.

Reste à souhaiter à tous bonne lecture, bonne découverte et, surtout, bonne écoute !

INTRODUCTION

Est-il possible de définir le phénomène des musiques du monde ? Tant de mots sont utilisés pour qualifier ces musiques qui proviennent de partout et qui ont généralement bien peu en commun. Musique ou musiques du monde, musiques traditionnelles, musiques folkloriques, musiques ethniques, musiques populaires du monde, *world music*, *worldbeat*, musique internationale, musiques métisses, sono mondiale... La liste pourrait être encore longue et chacun de ces termes regroupe des réalités qui sont souvent différentes, voire complètement contradictoires. De façon générale, les musiques du monde rassemblent :
– les pièces de tradition orale rattachées à un territoire ou à une culture ; ces pièces peuvent comporter un caractère sacré ou cérémonial ;
– les musiques classiques non occidentales ;
– les musiques populaires contemporaines autres que celles qui font partie du palmarès états-unien ;
– les musiques métisses qui sont fréquemment composées par des artistes occidentaux qui s'inspirent de plus d'une culture ;
– les musiques issues de l'immigration et qui peuvent reproduire des styles créés dans les pays d'origine ou refléter une création nouvelle.

Cette liste s'avère aléatoire puisque les musiques dont il est ici question sont tellement différentes les unes des autres qu'il devient impossible d'établir une classification qui décrive fidèlement chacune d'entre elles. À la limite, le créneau des musiques du monde ne regroupe-t-il pas la majorité des genres et des styles musicaux de la planète ? Mais qu'importent les termes utilisés, on constate la présence de deux univers distincts : d'abord celui des musiques identitaires qui sont apparentées à une culture particulière, qu'elles soient traditionnelles, classiques ou populaires ; puis celui des identités croisées qui font appel aussi bien à la création de styles interculturels acoustiques qu'à l'utilisation de la technologie contemporaine. Une façon de concevoir la différence entre les deux univers musicaux serait d'établir la distinction entre les musiques acoustiques issues des traditions orales ou écrites du monde et les musiques électriques ou électroniques qui s'inspirent de ces mêmes traditions.

De leur côté, les spécialistes se retrouvent souvent divisés. Les partisans des musiques plus proches des traditions acoustiques reprocheront aux amateurs de *worldbeat* ou de musiques ethno-techno leur intérêt pour une musique qui manque d'authenticité, qui s'est développée à la suite d'un processus de pillage ou d'acculturation et qui répond de plus en plus à des impératifs commerciaux. Les autres rétorqueront que la culture pure n'existe pas et que toute musique doit obligatoirement se transformer, à défaut de quoi elle deviendra un simple objet de curiosité. En ce qui nous concerne, nous proposons une approche large comprenant des éléments de chacune de ces perspectives.

Notre liste des cent meilleurs disques ne renferme que très peu de disques à caractère ethnomusicologique. Cette volonté n'implique pas de notre part un rejet de cette démarche essentielle à la sauvegarde du patrimoine musical humain. Nous avons simplement donné la priorité à des artistes qui contribuent au développement culturel contemporain. Nos choix comprennent des disques de musiciens traditionnels, classiques, populaires, métis et même électro-ethniques. S'il est vrai qu'une partie de la musique électronique qui s'inspire des cultures du monde relève du collage artificiel, nous n'en refusons pas pour autant son usage. Plusieurs œuvres révèlent un travail de création artistique, respectant les cultures premières et permettant de définir les paramètres culturels d'une réalité sociale toujours plus métissée : celle des grandes villes occidentales.

Au-delà d'une réduction évidente au plus simple dénominateur commun que l'on retrouve dans certaines nouvelles musiques urbaines, un sentiment rassembleur apparaît de plus en plus au sein d'une jeunesse ouverte à l'autre et qui intègre les cultures du monde au funk, au rap et à toutes les musiques « tendance ». On n'a qu'à penser aux courants jamaïcains et asiatiques en Angleterre, latinos aux États-Unis, maghrébins en France, haïtiens à Montréal, etc. Chaque génération a procédé à sa propre lecture des musiques du monde ou des musiques traditionnelles. À partir de quand peut-on considérer qu'une musique est véritablement traditionnelle ? Le tango argentin, la morna cap-verdienne, le fado portugais, le rebetiko grec, le blues et le jazz américains sont souvent considérés comme des musiques traditionnelles. Pourtant, elles ont toutes pris naissance à la fin du XIXe siècle ou au début du XXe siècle.

Au Québec, le phénomène des musiques du monde ou leur métissage date du début de la colonisation. Notre répertoire traditionnel est surtout composé de chansons françaises et de styles instrumentaux écossais ou irlandais. Et, ainsi qu'ailleurs en Occident, les musiciens québécois ont reçu au XIXe siècle l'influence des musiques de la bourgeoisie européenne, telles que le quadrille, la polka, la contredanse, la valse, la mazurka et l'opéra. L'accordéon, le « synthétiseur » de l'époque, sera l'objet de plusieurs polémiques, mais finira par s'imposer comme instrument-clé de la musique populaire du milieu du siècle. Dès le début du XXe siècle, le tango fera une percée, surtout chez la bourgeoisie anglophone montréalaise il est vrai, sauf qu'il progressera graduellement tout au long du siècle. La rumba apparaîtra chez nous dans les années 1930, le mambo dans les années 1940, le cha-cha-cha puis le rock and roll au cours de la décennie suivante. Des métissages entre la chanson québécoise et les musiques du monde commenceront à s'opérer. À titre d'exemple, le succès *Tico Tico* d'Alys Roby date de 1942. Une quinzaine d'années après, l'étiquette québécoise Fleur de Lys proposera même des duos ou de petits groupes qui métisseront le folklore au western, à la chansonnette française et à la musique latine.

L'influence du jazz sera également ressentie dans notre musique. Les artistes de jazz mélangeront leur musique avec celle de Cuba dès la fin des années 1930. Une génération plus tard, le genre s'ouvrira à la bossa-nova brésilienne puis à la musique indienne. Toutes ces expériences nous atteindront. Durant la période hippie, plusieurs Québécois se laisseront séduire, à la suite des expériences des Beatles, par le syncrétisme avec les musiques orientales. Même un groupe pop comme les Sinners introduira du sitar dans sa musique. On retrouvera d'ailleurs dans le yéyé des influences de bossa-nova et de ska. Ginette Ravel, l'une de nos vedettes pop de l'époque, se tournera vers les musiques du monde bien avant que le terme soit inventé.

Dans les années 1970 apparaîtra le terme «fusion» pour désigner une forme d'hybridation du jazz. De plus, le regain d'intérêt international pour l'expression des nationalismes nous fera renouer avec notre propre folklore aussi bien qu'avec ceux des cultures celtique, acadienne et cajun. À cet égard, le Festival de la veillée des veillées offrira un point de ralliement à l'expression de ces cultures cousines. Sur la scène de la musique populaire, le milieu de la décennie verra l'avènement de Toubabou, le premier groupe *world* du Québec avec la pièce *Yama Neck*. Il sera formé dans la mouvance du succès international d'artistes tels que Carlos Santana et le groupe Osibisa.

Les années 1970 marquent aussi le développement de nouvelles solidarités envers les immigrants. Vers 1975, l'intérêt pour les musiques du monde, alors qualifiées de «musique internationale» ou de «musique ethnique», revêt l'allure d'une forme d'action culturelle. Plusieurs musiciens d'origine celtique ou latino-américaine investiront les sous-sols d'églises lors de soirées politiques. Parallèlement, des musiciens immigrants en provenance d'Afrique, des Caraïbes (notamment d'Haïti) et du Brésil commenceront à se produire dans des contextes plus ou moins formels. Il s'écoulera presque dix ans avant que les Montréalais découvrent ces musiques. Dans les années 1980, la déferlante africaine nous rejoint depuis Paris et Londres. Radio Nova invente l'expression «sono mondiale» dans la capitale de la France, alors qu'en 1985 Peter Gabriel développe le concept de *world music*. À partir de 1982, la diffusion des musiciens d'ailleurs s'organise chez nous. Les radios communautaires puis la Société Radio-Canada entrent dans le jeu. La maison de production Traquen'Art emboîte le pas. Les grands festivals d'été comme le Festival international de jazz de Montréal et le Festival d'été de Québec réserveront une place digne de mention à des artistes *world* au sein de leur programmation. Il se créera également des festivals tels que le Carnaval du soleil, Rythmes d'Afrique et Nuits d'Afrique, qui seront surtout consacrés aux musiques africaines et à celles de leur diaspora. Les musiciens locaux commenceront à côtoyer de façon plus systématique les musiciens internationaux. Il se développera durant cette période un réseau de petites salles qui favoriseront à Montréal la production de spectacles centrés entre les rues Jean-Talon et Sainte-Catherine, Saint-Denis et l'avenue du Parc. Tout cela provoquera l'éclosion d'une activité *underground* de plus en plus florissante.

Au début des années 1990, à la suite de l'éclatement de l'Union soviétique et de la démolition du mur de Berlin, un intérêt se manifestera pour les autres musiques du monde : les musiques traditionnelles en provenance de l'Europe et de l'Asie. Plusieurs musiques acoustiques seront de nouveau à l'honneur. À Montréal, le Festival Musique Multi-Montréal, qui deviendra le Festival des musiques et du monde, illustre bien cette tendance et, dorénavant, des immigrants en provenance de toutes les régions de la planète profiteront d'un tremplin essentiel. On parlera maintenant de « musiques du monde » au pluriel ou « des musiques et du monde » pour affirmer le caractère diversifié du phénomène. De leur côté, les partisans de la *world music* insisteront davantage sur le caractère unificateur de toutes les musiques d'inspiration traditionnelle. Le débat entre les tenants des deux partis demeure ouvert.

Le Québec ne sera pas en reste avec sa musique traditionnelle, et un groupe comme La Bottine Souriante se fera largement reconnaître sur les marchés de la *world music*. Des artistes tels que Michel Faubert et Danielle Martineau annonceront la génération trad, celle des jeunes qui métisseront de plus en plus leur musique. Sur le plan international, une figure ressortira du lot tout au long de la décennie : la Cap-Verdienne Cesaria Evora. En 1997, la parution de *Buena Vista Social Club* marquera l'histoire des musiques du monde et permettra à la musique cubaine, au son et aux vieux papis en particulier, de conquérir à nouveau la planète. Ce phénomène confirme ce que l'on savait depuis longtemps : les musiques du monde ne sont plus l'apanage de l'action culturelle, et l'immense succès des Cubains, si bons soient-ils, relève d'un caractère proprement commercial. Mais cette situation ne créera pas encore, à l'instar du jazz par exemple, un vedettariat qui croît à un rythme accentué. Si les ventes de disques de musiques du monde et la production de spectacles ont augmenté de façon soutenue partout en Occident depuis une décennie, seuls une poignée d'artistes accèdent au rang de vedettes internationales. Il en va de même à Montréal. Yaya Diallo, Éval Manigat, Lorraine Klaasen, Paolo Ramos, Assar Santana, pionniers des années 1980, n'ont pu, en dépit d'une reconnaissance certaine du milieu, profiter d'un véritable succès. Des lueurs d'espoir sont apparues en ce qui concerne des plus jeunes, et des carrières internationales furent envisagées. Mentionnons d'abord Lhasa de Sela, puis Lilison di Kinara, Sao, Jeszcze Raz et, maintenant, Soraya Benitez et Carlos Placeres. En 2003, le phénomène a atteint, aussi bien sur le plan local qu'international, un tel niveau de diversité que quelques observateurs remettent en question la pertinence d'utiliser le terme «musiques du monde». À défaut de trouver mieux, nous nous en remettons à ce concept. Il témoigne d'un foisonnement certain, grâce auquel nous avons pu choisir les cent disques que nous vous présentons ici.

DOUCEURS LATINES

Les musiques évoquées ici nous enveloppent, nous caressent, nous bercent de leurs rythmes chauds, souvent langoureux, mais parfois aussi syncopés. À la fois douces et modernes, elles sont l'œuvre d'artistes alliant tradition et nouveauté.

CAETANO VELOSO

Noites do Norte (2001)
Universal Brésil/Bros, 7 31454 83622 7

Incomparable rénovateur de l'histoire de la musique de son pays, ce personnage plus grand et plus doux que nature possède depuis presque quarante ans le rare génie d'avaler toutes les tendances de la pop internationale pour les intégrer aux musiques régionales brésiliennes. Cofondateur du tropicalisme dans les années 1960 avec sa sœur Maria Bethânia, Gilberto Gil et plusieurs autres, il a été de toutes les écoles ; de la bossa-nova au psychédélisme, du folk à la samba et aux Beatles, du baiao au rap. Durant toutes ces époques, il a engendré une musique complètement originale qui navigue entre la tradition et la modernité, entre l'identité et la contemporanéité. *Noites do Norte* illustre parfaitement cette tendance. Pourquoi avoir choisi ce disque plutôt que *Livro* (Nonesuch, 1999) ? Simplement parce qu'il est plus récent. Sinon les deux titres se valent et font partie, sans l'ombre d'un doute, des meilleurs de l'ensemble de l'œuvre de Veloso, ce qui n'est pas peu dire. Sur *Noites do Norte*, le poète s'interroge de sa voix suave, et souvent sur le ton de la confidence, sur la nature de l'identité brésilienne dont la principale caractéristique demeure l'esclavage selon Joaquin Nabuco, un écrivain abolitionniste du XIXe siècle qui a profondément transformé le regard de Veloso lors de l'écriture de son disque. Il désirait d'abord travailler le son plutôt que le texte, sauf que la lecture de Nabuco allait le convaincre de revenir à la question identitaire, un fil conducteur qu'il n'avait pas retenu au départ.

La thématique s'avère d'autant plus percutante que le géant sud-américain traverse actuellement une période de foisonnement culturel qui va de pair avec un virement politique à gauche. Dans cette foulée, *Noites do Norte* passe en revue d'une manière tantôt sombre et impénétrable, tantôt lumineuse, le hip-hop aussi bien que la samba-reggae, le baiao, le rock, la bossa-nova, la rythmique africaine et le néoclassicisme.

La version studio n'est pas un album concept, mais les commentaires de Nabuco concernant l'identité s'appliquent à l'ensemble de la production du disque. Musicalement, l'avant-garde se double d'un caractère mélancolique. Dès le début, l'auteur entre en scène avec *Zera a Reza*, une chanson contre la religion accompagnée d'une guitare bossa ou de légères touches de distorsion et de rap. La pièce précède et annonce une trilogie portant sur l'esclavage, ce qui permet à Veloso d'explorer successivement la tension entre l'orchestre à cordes et les percussions ou le *groove* afro, avant de livrer un hommage à Jorge Ben en interprétant *Zumbi*, une composition de ce dernier. Suivront une parodie hilarante du rock et un hommage empreint de néoclassicisme tout en finesse à Michelangelo Antonioni. Puis, jusqu'à la fin du disque, Caetano se fera intimiste et nostalgique, et restera chez lui en explorant autant le son de proximité de la guitare que les tambours de la rue, et conclura le disque en jouant sur différents registres de vibratos. Le plaisir perdure jusqu'à la dernière note.

Gilberto Gil, actuel ministre de la Culture au Brésil et partenaire légendaire de Veloso au cours de la période tropicaliste, a enregistré sur *Âquele Abraço* (Iris Music) une superbe collection de nouvelles versions de titres qui comprend d'abord quelques-uns de ses classiques des années 1970 et 1980, puis des pièces issues de sa période plus électrique avec une ouverture évidente au reggae, et enfin des extraits d'un concert exaltant qu'il a donné à Tokyo.

MARISA MONTE

Memories, Chronicles and Declarations of Love (2000)
Metro Blue/EMI, 7243 5 27085 29

Figure centrale de la musique populaire brésilienne depuis les années 1990, Marisa Monte incarne à la fois la tradition (puisqu'elle est la digne descendante du mouvement tropicaliste et de la musique populaire de son pays) et le renouveau. Cela tient en partie au fait qu'elle a su s'entourer des plus grands noms de la musique aussi bien brésilienne (Caetano Veloso, Carlinhos Brown, Arnaldo Antunes, Paulinho da Viola, Jorge Ben) que new-yorkaise (Arto Lindsay, Laurie Anderson, Philip Glass, John Zorn). Résultat ? Monte propose une pop élégante, sophistiquée et originale qui ne renie pas ses racines tout en restant ouverte à d'autres influences. En ce sens, le respect de la tradition musicale n'oblitère jamais chez l'artiste une touche plus personnelle. La samba et la bossa-nova y côtoient le funk et le rock ; le rythme gagne la mélodie.

Sur *Memories, Chronicles and Declarations of Love*, Marisa Monte chante, de sa voix douce et sensuelle, treize variations sur le thème de l'amour. Samba, ballade sentimentale, morceaux pop, funk ou rock : le spectre musical couvert par ses compositions est large. Il se dégage de cet album aux accents beatlesques une ambiance éthérée, insolite et surréelle, plus marquée que sur l'excellent *Rose and Charcoal* (Metro Blue, 1994). D'entrée de jeu, *Memories* se révèle moins acoustique que les albums précédents et semble privilégier davantage les rythmes pop au détriment des rythmes spécifiquement brésiliens. La chose est vraie, mais il est impossible de ne pas dire un mot des délicieuses sambas *Para Ver As Meninas*, où cavaquinho et cuica marquent le rythme, et *Gotas de Luar*, où voix et guitare dialoguent comme au temps de João Gilberto,

sans parler de la triste et mélodieuse pièce intitulée *Abololô*, sur laquelle seul un piano accompagne la chanteuse. Pour leur part, les ballades romantiques *Amor I Love You*, *O Que Me Importa*, *Gentileza* et *Perdão Você* introduisent ce côté pop, inventif, léger, délicat et tout en finesse qui fait la marque de ce disque. Quant aux morceaux plus funk ou rock, dont *Tema de amor* et *Cinco Minutos* sont des exemples, ils ne détonnent en rien sur un disque qui explore les différentes formes de l'amour.

Quelque part entre Rio de Janeiro et New York, *Memories, Chronicles and Declarations of Love* relie tradition et modernité, sons anciens et nouveaux. Surprenant, il recueille peut-être moins rapidement l'adhésion que d'autres disques de la chanteuse. Toutefois, quand le charme opère, après quelques écoutes, celui-ci ne se dément pas. Une preuve que Marisa Monte reste encore aujourd'hui une artiste à suivre de près.

Marisa Monte forme un incomparable trio avec les talentueux Arnaldo Antunes et Carlinhos Brown sur *Tribalistas* (EMI). Un disque tout en douceur qui constitue une belle suite à *Memories, Chronicles and Declarations of Love*.

Avec *Tanto Tempo* (Six Degrees), Bebel Gilberto propose une bossa-nova contemporaine délicieuse. Fille du légendaire João, elle fait le pont entre tradition et nouveauté, et insuffle un vent de fraîcheur à un répertoire déjà fort séduisant.

MORENO VELOSO +2

Music Typewriter (2001)
Hannibal/Outside, HNCD 1456

Les enfants et les petits-enfants de ce que le Brésil a connu de plus grand en matière de musique reprennent le flambeau. Ils ont pour nom Bebel Gilberto (fille de João), Daniel Jobim (petit-fils d'Antonio Carlos), Moreno Veloso (fils de Caetano). Avec des artistes comme Vinicius Cantuaria et le regretté Suba, ils s'approprient la samba et la bossa-nova qui ont bercé leur enfance. La tradition est sauve… à condition de préciser que les jeunes artistes ajoutent à ces styles musique électronique et expérimentale, programmation et échantillonnages.

Moreno Veloso, qui se réclame de la génération de Chico Science et Nação Zumbi, de Mano Negra et de Manu Chao, déclare remanier les traditions avec une émotion expérimentale. À l'instar du mouvement tropicaliste créé entre autres par son père, Moreno dit vouloir retenir le meilleur des influences extérieures pour construire une authentique musique brésilienne à l'esprit ouvert. Celui qui parle ainsi a commencé à chanter à trois ans; il a composé sa première pièce à neuf ans; adolescent, il a suivi en tournée son père et Gilberto Gil à titre de percussionniste; peu de temps après, il a joué aux côtés de Carlinhos Brown. À vingt-sept ans, il forme un trio avec le bassiste et guitariste Alexandre Kassin, ainsi qu'avec le percussionniste Domenico Lancelloti. *Music Typewriter* voit le jour.

Que propose cette machine à musique? Quatorze pièces, la plupart composées par Veloso fils. Certaines sont particulièrement douces, d'autres beaucoup plus funk ou rock. Parmi les ballades plus calmes, on retiendra les très belles *Sertão, Deusa do amor, Nenhuma,* de même que *I'm Wishing*, thème du film *Blanche-Neige* de Walt Disney, chanté en duo par Veloso et Daniel Jobim en anglais et en portugais. Les pièces rythmées *Enquanto isso* et *Arrivederci*, quant à elles, sont plus représentatives de ce nouveau son moderne privilégié par ce disque. Mais qu'on ne se méprenne pas: morceaux calmes et morceaux énergiques, écrits par Veloso ou non (pensons à *Só vendo que beleza*, reprise d'un succès de Carmen Costa en 1942, et à *Esfinge* de Djavan), participent tous d'une esthétique moderne où le musicien, tout en ne coupant pas les ponts avec la tradition, fait entendre des distorsions et des bruits de toutes sortes.

Le résultat est un disque à la fois sophistiqué et contemporain, élégant et techno. En cela, il se compare à d'autres œuvres créées par des artistes de cette génération, des œuvres où le traitement électronique laisse pourtant transparaître la douceur et la grâce des rythmes brésiliens d'antan… Un premier CD des plus prometteurs et qui suscite l'admiration.

Artiste éclectique et polyvalent, Carlinhos Brown est l'un des principaux chefs de file de tout ce qui se fait de nouveau au Brésil. Percussionniste, compositeur et producteur, il a contribué au succès de nombreux musiciens, de Marisa Monte à Timbalada, un groupe formé d'une centaine de percussionnistes issus de son quartier d'origine. Son album solo *Alfagamabetizado* (Virgin), énergique et rythmé, justifie le choix de Carlinhos de se nommer Brown en l'honneur du roi du soul.

CELSO FONSECA

Natural (2003)
Six Degrees/Outside, 657036 1086-2

En Amérique du Nord, plusieurs ont pu croire que *Natural* était le premier disque de Celso Fonseca. L'homme qui a commencé sa carrière auprès de Gilberto Gil n'est pourtant pas un illustre inconnu. Il a non seulement joué aux côtés de Caetano Veloso, de Milton Nascimento, de Bebel Gilberto, de Marisa Monte, et produit des artistes comme Virginia Rodrigues, Gal Costa et Daniela Mercury, il a aussi réalisé ses propres disques, dont les excellents *Paradiso* (Dubas, 2000), *Sorte* (Dubas, 2001) et *Juventude : Slow Motion Bossa-nova* (Dubas, 2002).

Un brin plus commercial que les deux précédents, *Juventude* n'en offrait pas moins un résultat concluant. Rien de bien révolutionnaire sur ce disque, sauf que le charme opérait rapidement. La recette ? Une bossa-nova tout ce qu'il y a de plus classique, mais extrêmement bien présentée. L'œuvre faisait son chemin, les mélodies s'insinuaient, le tout était d'une grande efficacité. Fonseca chantait de sa voix douce et sensuelle, la guitare était décontractée à souhait. Difficile de résister à la reprise en portugais de *Que reste-t-il de nos amours ?*, à la chanson dédiée à Miles Davis (*Miles Ahead of Time*) et à *Slow Motion Bossa-nova*, pièce qui apparaît aussi sur le plus récent disque.

Avec *Natural*, Celso Fonseca va à l'essentiel, épure son style en ciselant ses pièces tel un orfèvre. Raffinée et soignée dans ses moindres détails, son œuvre est celle d'un artiste qui aime le travail bien fait. Plus modernes, les arrangements y sont paradoxalement encore plus près de ce qui serait l'essence d'une bossa-nova élégante et poétique. Ce n'est pas un hasard si Fonseca reprend sur ce disque deux classiques brésiliens aux côtés de ses propres compositions. Il y a l'instrumentale afro-samba pour guitare et batterie, *Consolação* de Baden Powell, l'artiste qui l'a le plus influencé. Puis il y a *Ela é carioca* de Antonio Carlos Jobim (à qui Fonseca voue une grande admiration) et de Vinicius de Moraes, interprété en duo avec la chanteuse Cibelle.

La voix rappelle beaucoup celle de Caetano Veloso. Les musiciens qui accompagnent le chanteur et guitariste font aussi merveille : Daniel Jobim est au piano ; Robertinho Silva, qui joue habituellement auprès de Milton Nascimento, est aux percussions ; Jorge Helder, membre du groupe de Chico Buarque, est à la basse. Simple et dépouillé, mais pourtant riche en sonorités et en atmosphères de toutes sortes (pensons à ces bruits de la rue et de la mer), *Natural* déborde de charme et de sensualité.

Première idole de Celso Fonseca, Baden Powell reprend sur *Os Afro Sambas* (Kardum) ses afro-sambas enregistrées en 1965-1966, dont il a réécrit tous les arrangements pour ce disque de 1990.

Sur *Hard Bossa* (Far Out), Joyce incarne le côté calme et un peu jazzé d'une musique qui tient de nouveau le haut du pavé. Auteure prolifique admirée par Jobim, cette Brésilienne à la voix limpide offre un excellent disque.

MÁRCIO FARACO

Interior (2002)
Universal, 44006 41592

Pendant que la musique brésilienne explose en empruntant les routes les plus éloignées et les sentiers les moins défrichés, et qu'une nouvelle génération se questionne sur ses racines, un poète solitaire se perd dans ce monde urbain à la cadence trop rapide et décide de s'établir en France avec sa guitare et son imaginaire qui descend tout droit d'un autre âge. Héritier spirituel de la période de la bossa-nova ou de la samba canção (samba chanson) qui l'a précédée, Márcio Faraco s'inspirera d'abord, comme l'ont fait bien avant lui les Chico Buarque et Caetano Veloso, de João Gilberto, « ce grand ingénu cruellement pacifique », comme l'affirmera affectueusement Faraco. Gilberto a développé l'art du canto falado, le chant parlé qui n'est pas du rap, mais bien un chant que l'on susurre, que l'on chuchote le plus doucement possible dans le creux de l'oreille. Nous pénétrons ici dans un univers de romance, de demi-teintes caressantes et de poésie intimiste. Tout ce que l'auteur-compositeur écrira ou chantera dorénavant relèvera de ces sentiments, même si le musicien, lui, s'imbibera des couleurs, des rythmes, des régions, des odeurs et des accents du Brésil.

Faraco a reçu en 2000 les critiques les plus élogieuses pour *Ciranda* (Universal), un disque qui se démarque grâce à des arrangements élégants, des touches de jazz très subtiles, des orchestrations très feutrées et une voix sensuelle et enveloppante. *Interior* poursuit dans ce sens, mais en allant encore plus loin. Si les ingrédients de base demeurent les mêmes, la recette a mijoté davantage. Aucun détail n'est laissé au hasard pour créer une atmosphère de simplicité pure et envoûtante, parfois très dépouillée et parfois

plus rythmée. Mis à part quelques moments plus animés comme ceux que l'on retrouve dans *Pão com pão*, un baiao nordestin, on sent la retenue de celui qui crée les vagues par l'intérieur, celui pour qui l'amour coule tel un fleuve tranquille, dont la source est alimentée par la passion. Il s'en dégage de somptueux arrangements de cordes dans le classique *Nosso amor de tanto tempo*, un flottement plus joyeux au rythme d'une cadence qui augmente doucement dans *O céu e o mar*, ou la douleur d'un blues qui ralentit le tempo du baiao dans *Sarapatel humano*. Cette dernière pièce révèle également les préoccupations sociales de Faraco, qui s'inquiète du sort réservé aux enfants qui mangent des lézards, de la mauvaise herbe ou de la simple poussière.

On ne peut passer sous silence la qualité des musiciens. Retenons la profondeur du son de la contrebasse de Jorge Helder, l'atmosphère de proximité renforcée par les courtes improvisations pianistiques du jazzman Kenny Barron, la délicatesse de Daniel Mille à l'accordéon et l'ingéniosité de Minu Cinelu aux percussions les plus diversifiées. Le disque s'écoute doucement et laisse une note d'espoir, d'amour et de désir.

L'accordéoniste Daniel Mille, qui accompagne Márcio Faraco sur *Interior*, a fait paraître *Entre chien et loup* (Emarcy), un disque souvent très mélodique, teinté de couleurs jazzées ou impressionnistes, mais parfois atypiques. L'œuvre, empreinte d'accents étranges, demeure toutefois très accessible.

MOUVANCES

La musique a bien des pouvoirs. Ici, elle permet de faire la révolution dans la fête. Dans toutes les langues, en ignorant les frontières géo-politiques, elle rassemble une jeunesse qui dénonce les excès de la mondialisation, le racisme, la pauvreté... Une musique métissée, ouverte sur le monde, et voici que la danse nous entraîne.

MANU CHAO

Proxima estacion... Esperanza (2001)
Virgin/EMI, 7243 8103212 1

Né en France de parents galiciens, Manu Chao a d'abord été le leader charismatique de Mano Negra, un important groupe des années 1980-1990 dont plusieurs artistes de musique latine alternative (le nuevo latino) se réclament aujourd'hui. Intégrant différents courants musicaux (ska, salsa, reggae, raï, flamenco, punk, rock), le groupe a ouvert la voie à une nouvelle musique complètement éclatée et chantée en plusieurs langues. C'est de ce métissage musical, culturel et linguistique que va s'inspirer Manu Chao au sortir de l'expérience de Mano Negra, après avoir voyagé seul partout dans le monde, surtout en Amérique du Sud, pendant plus de quatre ans.

Durant ces années, Manu Chao se promène avec un petit studio portable et enregistre toutes sortes de chansons et de bruitages. De ces kilomètres de bandes-son naîtra *Clandestino* (Virgin, 1998). Le disque est un chef-d'œuvre. Il se vendra à plus de deux millions cinq cent mille exemplaires. Sur un mode moins rock et plus intimiste, Chao reprend certains procédés utilisés par Mano Negra. Plusieurs styles musicaux s'y croisent ; les pièces sont chantées en espagnol, en français et en anglais ; des extraits radiophoniques, des bouts de conversation et de message sur une boîte vocale sont intégrés aux chansons. Métissage, recyclage, collage forment une œuvre des plus originales. S'enchaînant comme un seul et même morceau, les chansons y sont toutes délicieuses. *Clandestino*, *Bongo Bong*, *Luna y sol*, *Dia luna... dia pena*, *Minha Galera* continuent de nous faire craquer. C'est dire à quel point ce disque fut déterminant.

La lumière toujours aussi brillante de *Clandestino* lui portant ombrage, *Proxima estacion... Esperanza* n'a pas reçu l'attention qu'il méritait. Les attentes étaient très grandes. Elles furent en bonne partie déçues parce que l'effet de surprise ou de nouveauté n'y était pas, le deuxième disque se démarquant peu du précédent. Il est bon aujourd'hui de le (re)découvrir et de lui reconnaître les mêmes qualités qui ont créé l'engouement pour *Clandestino*. Peut-être est-il plus facile désormais de remarquer son esprit joyeux et festif, son émotion, le son chaud de ses cuivres, ses emprunts au reggae, à la musique des Caraïbes et au swing. Peut-être est-on plus aptes à apprécier la manière dont Chao reprend certaines pièces et lignes rythmiques de *Clandestino*, à y voir autre chose que de la paresse, à savoir une façon de repiquer, de recycler, de retravailler son propre matériel.

Merry Blues, qui fait entendre des bêlements humains, et *Mr Bobby*, hommage à Bob Marley, apportent cette touche reggae que nous évoquions. Les cuivres chaleureux, eux, sont particulièrement présents dans *Eldorado 1997*, *Promiscuity*, *Trapped by Love* et *Le Rendez-vous*, ces deux dernières pièces sonnant vraiment «jazz band». *Denia*, chantée en arabe, parle d'une Algérie déchirée. *Homens*, chanson de *Clandestino* reprise ici par la rapeuse brésilienne Valeria Negre, nous démontre la pertinence du recyclage. Enfin, dans *Infinita tristeza*, l'inventif Chao tire tous les effets du collage en donnant à entendre, en boucle, des voix de différents pays, à commencer par celle du cosmonaute russe Youri Gagarine jusqu'à celle d'un enfant questionnant sa mère sur sa naissance. Décidément, il y a des trésors à découvrir sur ce disque.

MOUVANCES

FERMIN MUGURUZA

Brigadistak Sound System (2000)
Essan Ozenki Records/Local, E0150CD

«Imaginons que nous sommes en décembre 1998. Les États-Unis ont de nouveau bombardé l'Irak…» Ainsi débute le couplet de *Urrun*, la première pièce du disque. L'image reflète parfaitement la vision de Muguruza, pour qui la musique s'affirme d'abord comme un geste de résistance politique : résistance symbolique à la domination linguistique de l'espagnol face à sa langue maternelle, le basque, ou résistance devant la mondialisation envahissante qui brime la liberté des peuples.

Musicalement, le chanteur basque originaire d'Espagne descend du groupe The Clash. L'éveil politique ne peut donc se concevoir sans un esprit très ludique. Si, il y a plus de vingt ans, les Britanniques ont injecté dans leurs revendications de fortes doses de punk et de reggae, Muguruza projette la démarche dans le troisième millénaire en ajoutant à l'explosif cocktail anglais des couleurs contemporaines telles que le rap, le dub, la salsa, le raggamuffin et le ska. Si ces styles ne sont pas l'apanage de la culture basque, ils confèrent toutefois au disque un caractère internationaliste qui alimente les préoccupations nationalistes de l'artiste. Cela lui permet de correspondre malgré tout aux critères d'une jeunesse occidentale anti-mondialiste qui remet en question les normes du système et qui prône la révolution dans la fête. L'accueil extraordinaire que Muguruza a reçu à chacun de ses passages au Québec en fait foi. Et le chanteur rejoint ainsi la démarche artistique de Manu Chao, de Tom Darnal du groupe P18 ou des Argentins de Todos Tus Muertos, des artistes qu'il a tous invités sur *Brigadistak Sound System*.

Une énergie furieuse et festive se dégage de *Brigadistak Sound System*, qui s'inspire d'abord des musiques jamaïcaines et qui peut également adoucir le ton avec une bonne ration de dub. Souvent cimenté par une section de cuivres très efficace, l'album, s'il est plus varié, demeure cependant moins corrosif que les disques précédents produits avec des groupes tels Kortatu ou Negu Koriak. Comme toujours, les pièces sont interprétées en basque. Mais, de façon à faire ressortir le contenu, elles sont traduites en plusieurs langues, dont le français. Si une seule chanson évoque directement la situation basque, toutes les pièces reflètent les réalités sociales les plus décapantes.

Newroz porte sur le Nouvel An kurde. *Puzka* décrit les ouragans qui peuvent tuer tout autant que la faim ou les balles. Dans *Lagun Nazakezu*, quelqu'un a écrit le nom du chanteur sur une balle pour le menacer. *54-46* désigne le numéro d'un prisonnier alors que la pièce-titre de l'album, qui pourrait se traduire par «brigadistes», dépeint la nécessité de former des brigades pour faire reconnaître les droits des peuples. Le disque pourrait s'écouter sans tenir compte des paroles et se résumer au commandement suivant : que danse la révolution !

Dans un tout autre style, le groupe basque d'inspiration traditionnelle Oskorri a fait paraître l'album *Ura* (Elkarlanean), un disque produit en collaboration avec l'accordéoniste Képa Junkera et qui fournit l'occasion d'inviter des musiciens aux horizons les plus divers, mais aux capacités virtuoses toujours accomplies. Font entre autres partie de cette liste : l'ex-Bottinien Michel Bordeleau, le percussionniste Glen Velez et le clarinettiste Ivo Papasof.

FEMI KUTI

Shoki Shoki (2000)
Barclay/Universal, 314 543 267-2

À la mort de Fela Kuti, en 1997, l'avenir de l'afrobeat, musique dont ce Nigérian fut l'inventeur, est incertain. Quelques successeurs se profilent à l'horizon. Parmi eux, l'héritier naturel et légitime par excellence : son fils, Femi Kuti. Celui-ci a joué comme saxophoniste auprès de son père dès l'âge de quinze ans, et l'a de plus remplacé au pied levé en 1985 pour la tournée américaine d'Egypt 80, alors que Fela était arrêté au moment de monter dans l'avion. Mais la relève est d'autant plus lourde à assurer que le père est grand, sans compter qu'existent des tensions et des rivalités au sein du groupe de Fela. Femi a compris cela avant même la mort de son père et, refusant un rôle de remplaçant, crée plutôt son propre groupe, The Positive Force, dès 1986.

Est-ce que Femi Kuti refuse de jouer ce rôle qui lui est sous bien des aspects dévolu ? En réalité, la position du fils est empreinte d'une sagesse qui, par ailleurs, se remarque dans tous ses choix. Femi, au contraire de son père, rejette la polygamie, ne s'engage pas dans des combats politiques trop dangereux et mène une vie plus posée. Il préfère reconnaître l'influence déterminante qu'a eue la musique de son père sur lui et lui en être redevable. Il la reprend donc à son compte, en l'inscrivant dans un style qui lui est tout à fait personnel.

C'est dans ces circonstances que *Shoki Shoki* voit le jour en 1998 (il sera réédité en 2000, avec l'ajout de trois titres remixés par Château Flight, Kerri Chandler et The Roots). Le disque est une révélation. On y reconnaît immédiatement le son de l'afrobeat, qui entremêle polyrythmie traditionnelle yoruba au funk et au jazz. Femi Kuti lui adjoint aussi des éléments de hip-hop, de soul, de rythm and blues, de highlife et de juju. Les propos politiques de Fela Kuti sont également repris par Femi, mais à sa manière. Moins virulent, direct ou provocateur que son père dans ses attaques, Femi dénonce toutefois la corruption qui sévit au Nigeria ainsi que le néocolonialisme, et il prêche pour le panafricanisme. Bref, il croit aux vertus de la musique. « Music will bring Africa back on the world map », dira-t-il dans *Missing Link*, sur *Fight to Win* (Barclay, 2001), un titre en soi révélateur.

La musique de Femi Kuti est d'emblée entraînante. Une pulsion organique, un *groove* s'en dégagent, de même qu'une puissance qui émane des cuivres et une fougue qui anime sans cesse les percussions. *Truth Don't Die*, *What Will Tomorrow Bring*, *Victim of Life*, *Blackman Know Yourself* ne sont pas seulement des pièces fortes, engagées politiquement : leurs rythmes exultent, invitent à la danse, célèbrent la beauté et la grandeur de la musique. Ce que nous raconte autrement *Beng Beng Beng*, morceau qui a connu un grand succès (ainsi que la censure au Nigeria) et qui chante les joies du plaisir charnel. Énergie, force et sensualité brutes sont ici au rendez-vous.

Personnage-clé de l'afrobeat, Tony Allen est un batteur qui joua longtemps aux côtés de Fela à l'époque d'Africa 70. Sur *Black Voices* (Comet Records), il conduit l'afrobeat dans d'autres avenues en opérant la fusion avec le house et la musique électronique auprès de disc-jockeys dont il devient le mentor.

SERGENT GARCIA

Sin Fronteras (2001)
Virgin/EMI, 7243 8 107832 7

Selon la légende, Sergent Garcia est l'arrière-arrière-arrière-petit-fils du véritable Sergent Garcia, personnage que les amateurs de *Zorro* auront peut-être reconnu. Plus certainement, Bruno (alias Sergent) Garcia est le fils d'une mère française et d'un père espagnol installés en France. Dans le monde musical, on l'a d'abord connu en tant que Nobru au sein du groupe de rock alternatif Ludwig Von 88. À partir de 1997, on le retrouve en tournée à la tête des Locos del Barrio (les fous du quartier), sous le nom de Sergent. Avec *Un poquito quema'o* (Virgin, 1999), premier disque réalisé en compagnie des Locos (avant cela, Garcia avait enregistré un disque solo), commence l'aventure festive que poursuit aujourd'hui *Sin Fronteras*.

Ce préambule souligne le caractère ludique et joyeux du projet mis en œuvre par Garcia. D'ailleurs, quand on demande au principal intéressé de définir en trois mots sa musique, celui-ci répond sans hésiter : « rythme, chaleur et fiesta ». Il faut dire que l'esprit de la fête, l'énergie tropicale, le rythme qui invite à la danse et à la réjouissance règnent en maîtres. Enjoué et ensoleillé, l'album fait d'abord appel aux musiques latines et caraïbes, et dégage une joie de vivre certaine.

Sin Fronteras : le projet est on ne peut plus clair. Il s'agit de décloisonner ou d'abolir les frontières tant géopolitiques que culturelles et, partant, musicales. Garcia, sur ce deuxième disque, va encore plus loin dans l'art du métissage des cultures. Salsa, reggae, raggamuffin, salsamuffin (un style inventé par Garcia lui-même), flamenco, rythmes afro-cubains sont conviés, ainsi que les Maliens Amadou et Mariam (*Seremos*) et le chanteur gitan Balbino (*Resisteme*). La fusion est des plus riches et n'est pas longtemps déroutante : rapidement, les corps ont envie de bouger. Mais comme l'ont souligné certains critiques, il n'est pas question pour autant de danser idiot, avec Sergent Garcia.

À la légèreté de la musique se greffent des paroles qui gardent vive l'intelligence. À sa façon, Sergent Garcia appartient à cette génération et à cette catégorie d'artistes qui, à l'instar de Manu Chao, dénoncent par exemple le racisme, la pauvreté, les excès de la mondialisation par le biais d'une musique métissée, ouverte sur le monde, et de paroles appareillées. Sous le couvert de faire la chronique de petites scènes du quotidien, *Sin Fronteras* dresse un bilan plus grave. Dans *Adelita*, deux amoureux se collent l'un contre l'autre et ont envie de faire le farniente plutôt que d'aller travailler. Garcia y décrit la folie de nos vies qui nous échappent et du temps qui file à toute vitesse. *Que traigan la salsa* est l'histoire d'une fête où il y a beaucoup à boire et à manger, mais où pourtant les gens du quartier ne sont pas conviés, ce qui met en cause l'écart entre les pays riches et les pays pauvres. Et ainsi de suite jusqu'à cette chanson de Rubén Blades qui parle des disparus des juntes d'Amérique du Sud et que Sergent Garcia reprend : *Los Desaparecidos*. Fête et dénonciation, comme les deux faces d'une même pièce.

Armé des rythmes latinos les plus explosifs, du ska le plus rebelle, de l'électro le plus charnel et du reggae le plus rassembleur, *King Changó* (Luaka Bop) produit une musique à l'image de New York, mégapole habitée par plusieurs cultures.

New latin Nouveau (Virgin) réunit des artistes représentatifs du nuevo latino, des musiciens qui intègrent les styles les plus divers et qui chantent en espagnol. Parmi eux : Sergent Garcia, Manu Chao, P18, Orishas, Si Sé et Los De Abajo.

MOUVANCES

ARTISTES DIVERS

Red Hot Riot (2002)
MCA/Universal, 0881130752

Fela Kuti refusait de reconnaître l'existence même du sida. En 1997, il en est mort, tout comme cinquante-cinq millions d'autres Africains qui périront de ce terrible fléau d'ici vingt ans si la tendance se maintient. Dans la prochaine heure, cent cinquante d'entre eux seront infectés. Plus de chiffres ? Dans le monde, quarante millions de personnes sont atteintes par le virus. Conséquemment, onze millions d'enfants sont devenus orphelins. Or, dans le but de financer des organismes qui contribuent à la prévention de la maladie, on a réuni une extraordinaire pléiade d'artistes qui interprètent d'autant de façons la musique du père de l'afrobeat. Visionnaire, Fela avait inventé le style en injectant une bonne dose de rythm and blues et de jazz aux rythmes traditionnels yorubas, unissant ainsi l'Afrique à une partie de sa diaspora. Homme de convictions, il avait également dénoncé toutes les injustices et prôné le panafricanisme.

Ce qui fascine, sur *Red Hot Riot*, c'est de constater jusqu'à quel point la démarche de Fela est admirablement projetée dans le nouveau millénaire sans que l'intention première soit diluée. On y retrouve toujours cette volonté rassembleuse de marier des styles traditionnels aux couleurs les plus urbaines et de rapprocher l'Afrique contemporaine de ses descendants d'Amérique. Jamais Lagos n'aura paru si proche des grandes villes américaines, mais sans que sa personnalité en soit altérée.

On a invité presque une quarantaine de musiciens, choisis dans les sphères les plus diverses. Le disque déborde littéralement de collaborations inédites et improbables,

toutes aussi passionnantes. Visiblement, tous les musiciens se sont montrés très respectueux de la vision de Fela. Même Sade, la Nigériane d'origine tout comme les Kuti, a fait remixer *By Your Side* par Cotton Belly avec des échantillonnages de la musique de Fela. Pour le reste, on a droit aux compositions du maître. On a ratissé dans tous les univers. D'abord du côté de la famille afrobeat tous azimuts avec Femi Kuti, Tony Allen et Antibalas, puis avec les Africains Manu Dibango, Dlelimady Tounkara, Cheik Lô, Ray Lema, Baaba Maal et Kaoding Cissoko, les rapeurs de Balcalicious et de Roots, les jazzmen Roy Hardgrove et Archie Shepp, les Brésiliens Jorge Ben Jor et Lenine, les Cubains Yerba Buena, le rockeur Nile Rogers, les électroniciens Mixmaster Mike et Money Mark… sans compter les Meshell Ndegeocello, D'Angelo et tous les autres. Du début à la fin, le disque permet à l'afrobeat d'aller dans toutes les directions et d'exploser. On scratche, on funke, on rape, on revient aux racines, on improvise, on joue avec les rythmes, on se rapproche de la louange. On y met toute son âme et on ne s'éloigne jamais de l'essentiel. Vraiment, Fela serait content.

Si vous voulez remplacer vos vinyles ou simplement découvrir la musique du roi Fela, vous avez le choix puisque, entre 1999 et 2001, la Maison Barclay a réédité vingt-cinq de ses disques : le concert de 1971 avec Ginger Baker, ex-batteur de Cream, toutes sortes d'inédits, la satire politique *Beast of No Nation*, des pièces des années 1960 avec Koola Lobitos, son groupe de l'époque…

MOUVANCES

NEIGE VERTE

Des groupes légendaires livrent des reels frénétiques dans des pubs pendant que fumée et effluves de stout envahissent la pièce. Des poètes solitaires chantent doucement des airs nostalgiques. Des voix sortent du ciel et pénètrent un univers fantastique. La grande Celtie et la Scandinavie se rencontrent dans un monde mythique, mystérieux et ludique.

THE CHIEFTAINS

Water from the Well (2000)
RCA Victor/BMG, 09026-63637-2

Quatre groupes légendaires ont marqué l'histoire de la musique irlandaise durant les années 1970. D'abord Planxty, qui a transformé l'usage des uilleann pipes, puis Bothy Band, considéré par plusieurs comme *le* groupe, De Danann, la formation du grand violoneux Frankie Gavin, et enfin les Chieftains, le plus ancien d'entre eux et de loin le plus célèbre à l'extérieur du pays. Mais, avec une quarantaine de disques en quarante ans, The Chieftains ont précédé les trois autres. Dès 1962, sous l'impulsion de l'excellent joueur de cornemuse Paddy Moloney et sous le parrainage du compositeur Seán Ó Riada, qui fut le premier à concevoir des arrangements rassemblant cornemuses, flûtes et violons, les Chieftains se sont produits dans le milieu folk. Puis vint la reconnaissance internationale, à la suite de l'oscar pour la réalisation de la musique du film *Barry Lyndon* de Stanley Kubrick. La chanson *Women of Ireland* sera abondamment diffusée aux États-Unis et, à partir de là, plus rien ne sera pareil. Si le groupe s'est fait connaître par un répertoire familial original, un son limpide et élégant, un sens de l'ensemble hors du commun et des instrumentistes de haut niveau, il s'ouvrira à toutes sortes de musiques. Premier groupe occidental à jouer à la Muraille de Chine, il produira dès 1985, sur *Live in China* (Shanachie), une fusion avec des musiciens traditionnels chinois. Ensuite, le groupe mélangera successivement sa musique avec les cultures bretonne et galicienne, ainsi qu'avec la musique pop.

Les années 1990 seront particulièrement fertiles en échanges alors que de grandes vedettes collaboreront aux albums du groupe,

qui est dorénavant reconnu comme le principal ambassadeur de la culture irlandaise. Mentionnons-en quelques-unes : les Rolling Stones, Sting, Sinéad O'Connor, Van Morrisson, Ry Cooder, Chet Atkins, Willie Nelson… La liste est encore longue. Or, on s'en doute, toutes ces expériences ne font pas l'unanimité auprès des amateurs de la première heure. Dans ce contexte, *Water from the Well* est une véritable bouffée d'air frais. Nos bardes reviennent aux sources de leur musique en travaillant presque exclusivement avec des musiciens irlandais, en retraçant très souvent les pubs de leur jeunesse et en recréant une musique si vivante qu'elle apparaît sur le disque comme un contraste nécessaire au parcours d'un groupe qui sent le besoin de retrouver l'acclamation de ses pairs après avoir connu la consécration partout dans le monde. À cet égard, *Water from the Well* est un pur délice. Dès les premières pièces, on reconnaît le son des débuts avec les violons, la cornemuse, la flûte, la harpe et le bodhran dans un arrangement progressif, alors que les instruments s'échangent le premier rôle, modifiant complètement les rythmes et les atmosphères d'une pièce à l'autre. Puis, tout au long du disque, on a droit à toutes sortes de surprises : des chansons interprétées doucement par Kevin Coneff, une pièce endiablée avec quatre flûtes et cinq violons, des danseurs qui claquent le rythme en bande, un orchestre de harpistes, un morceau très fignolé avec le groupe Altan, une rare chanson *a capella*, un chanteur de complainte, des cris, du direct et, en terminant… le retour à la case départ avec douceur et nostalgie. Les Chieftains n'ont jamais aussi bien joué !

Le disque *Ó Riada Sa Gaiety,* réédité, s'avère très utile pour comprendre les origines des Chieftains puisque Seán Ó Riada s'adjoint la collaboration du groupe Ceoltoiti Cualann, alors composé de plusieurs musiciens qui faisaient ou feront partie du célèbre groupe.

Dans *Fire in the Kitchen* (BMG), les Chieftains accompagnent plusieurs formations traditionnelles canadiennes, de La Bottine Souriante à Leahy, en passant par les Rankins, etc.

ALTAN

The Blue Idol (2002)
Narada World/Virgin, 72438-11955-2-9

Quand Mairéad Ní Mhaonaigh et Frankie Kennedy se rencontrent au début des années 1980, ils ne peuvent se douter qu'ils vont donner naissance à l'un des plus importants groupes de musique irlandaise. Quinze ans après la formation de Altan en 1987, leur influence ne se dément pas. Depuis 1994, l'excellent flûtiste Kennedy n'est plus mais, suivant la volonté de ce dernier, le groupe a continué, avec à sa tête la chanteuse et violoniste Ní Mhaonaigh. Encore aujourd'hui, Altan est l'un des chefs de file de la musique traditionnelle irlandaise et parmi les plus connus dans le monde après les Chieftains.

Puisant son inspiration dans la musique du Donegal, région du nord de l'Irlande, Altan alterne chanson, reel et jig dans la plus parfaite tradition. Dans un style maîtrisé, joué par des musiciens de grand talent, le groupe livre une prestation élégante et raffinée. Son jeu recherché a même fait dire à un critique que Altan était comme une pinte de Guinness servie dans une coupe de cristal. De nouveau, l'œuvre est réussie : *The Blue Idol* n'a rien à envier à *Harvest Storm* (Green Linet, 1991), *Island Angel* (Green Linet, 1993) ou *Another Sky* (Virgin, 2000). L'album est aussi bon que les précédents. En ce sens, la constance de Altan est admirable.

Sur treize pièces, sept sont instrumentales. Violons, guitare, bouzouki, uilleann pipes, flûte, bodhran et accordéon s'en donnent à cœur joie et entraînent rapidement l'auditeur. Énergie, éclat, dynamisme caractérisent chacun des morceaux. Reels et jigs sont contagieux et font vite taper du pied. Parmi ces pièces, retenons la vibrante gigue *The Blue Idol*, le reel envoûtant *The Trip to Cullenstown*, et l'air, plus recueilli, de *Sláinte Theilinn*.

L'autre moitié est constituée de superbes chansons interprétées par Ní Mhaonaigh. De sa voix angélique, pure et cristalline, celle-ci chante en anglais ou en gaélique ces pièces traditionnelles dont certaines remontent aux XVIe et XVIIe siècles. C'est le cas, notamment, de la jolie *Daily Growing*, qui ouvre le disque et dans laquelle Paul Brady dialogue avec la chanteuse. Dans *The Pretty Young Girl*, version anglaise de *An Cailín Deas Óg* (reprise en gaélique plus loin sur le disque), la chanteuse partage le micro avec Dolly Parton, qui livre une performance étonnante et dont la voix rappelle parfois celle de Kate Bush. Quant à l'étrange et très rythmée *Cuach mo Lon Dubh Buí*, on y remarquera la présence inusitée du saxophone aux côtés de Ní Mhaonaigh. *The Sea-Apprentice Boy* raconte l'histoire d'un matelot qui déclare son amour à sa bien-aimée, malgré les conseils de son capitaine. Le morceau, toujours chanté en Irlande, à Terre-Neuve et en Nouvelle-Écosse, témoigne bien de la vitalité constante de ce folklore revisité avec art par Altan.

Dans la lignée d'Altan, on découvrira le groupe Lúnasa, fondé en 1996. *Lúnasa* (Compass Records) représente l'une des figures montantes de la musique irlandaise instrumentale.

Dernièrement, Sinéad O'Connor a consacré un disque à la musique traditionnelle irlandaise : il s'agit du très beau, quoiqu'un peu monochrome, *Sean-Nós Nua* (Vanguard). L'excellente pièce *Óró Sé Do Bheatha 'Bhaile* vaut le détour à elle seule.

VÄRTTINÄ

Ilmatar (2001)
Northside/Outside, NSD6054

Depuis leurs débuts en 1983 dans le petit village de Rääkkylä, en Carélie, région du sud-est de la Finlande, beaucoup de chemin a été parcouru par Värttinä. De la troupe comptant jusqu'à vingt et un jeunes âgés de dix à seize ans qui se rassemblaient pour lire des poèmes caréliens sur fond sonore, il reste bien peu de choses. Le parcours n'en est pas moins étonnant et les aura conduits à faire deux disques de musique traditionnelle, avant de poursuivre avec une formation réduite influencée par le rock, le pop et le jazz à partir de 1990 et de connaître le succès dans plusieurs pays. *Oi Dai* (Sonet, 1991), *Seleniko* (Music & Words, 1993), *Aitara* (Music & Words, 1995), *Kokko* (Nonesuch, 1996), *Vihma* (Wicklow, 1998) sont autant de titres qui se sont attiré des éloges.

Quatre voix féminines et six instrumentistes masculins ont concocté le huitième album. Sous l'égide d'Ilmatar, déesse de l'air, l'auditeur pénètre dans un univers étrange, fascinant et mythique, où alternent chansons joyeuses et chansons tristes, parfois tendres, parfois violentes. Plus encore que le jeu brillant des instrumentistes, on retiendra le mystère de ces voix finlandaises comparables aux voix bulgares, à propos desquelles certains ont parlé de raffinement farouche, ces voix au grain particulier chantant de façon tantôt mélodieuse et lyrique, tantôt dissonante et perçante. Susan Aho, Mari Kaasinen, Kirsi Kähkönen et Riikka Väyrynen proposent des chants polyphoniques ou *a capella*, d'une voix dont on ne sait si elle est angélique ou démoniaque. D'une façon comme de l'autre, leur prestation est envoûtante.

Au dire de plusieurs, *Ilmatar* est assurément le meilleur disque réalisé par le groupe finnoougrien. Chose certaine, leur approche du folklore s'est affinée et personnalisée au fil des ans. S'inspirant des antiques « runos » de Carélie, de vieux livres, de vieux enregistrements et de poèmes, le groupe compose et arrange maintenant lui-même les pièces. Il ne s'agit pas simplement de préserver le répertoire traditionnel, mais de créer des pièces plus originales. Le travail s'effectue en équipe, à coup d'essais et d'improvisations, et n'est jamais le fait d'une seule personne. Tous doivent être satisfaits de la proposition et contribuer à l'améliorer. Le résultat est concluant et explique l'homogénéité du groupe.

Les onze pièces du disque sont toutes énigmatiques à leur façon. On retiendra plus particulièrement l'étonnante *Kappee*, pour voix seulement ; la paisible berceuse *Milja*, chantée d'une voix enfantine ; la diabolique et sinistre *Äijö*, qui raconte l'histoire d'un homme à moitié fou qui survit à la morsure d'un serpent grâce à des incantations magiques dites par le rockeur Ismo Alanko d'une voix rauque et féroce. Quant à *Meri*, morceau évoquant l'océan maudit qui engloutit père et frère, un air désespérément triste auquel est ajouté l'enregistrement d'un chant hongrois de lamentations datant des années 1950, il restera longtemps à l'esprit.

Présent aux côtés de Värttinä sur le disque *Vihma* (Wiclow), l'ensemble à cordes JPP peut être considéré comme l'un des meilleurs du genre en Finlande. Sur *String Tease* (NorthSide), la formation crée à l'aide de quatre violons, d'un harmonium et d'une contrebasse un son très accessible, facile d'écoute et très classique pour ce type d'alliage entre compositions originales et musique traditionnelle.

GJALLARHORN

Grimborg (2002)
NorthSide/Outside, NSD 6070

Dès la parution de son premier disque en 1997, les amateurs ont vite remarqué que Gjallarhorn (prononcez « Yallairhorn ») figurait parmi les plus prometteuses de la nouvelle génération scandinave. Le quartette provient d'une région de la côte ouest de la Finlande, où la population est composée à cinquante pour cent de gens d'origine suédoise. C'est le cas des membres de ce groupe et leur répertoire relève d'une source suédoise ancrée entre deux cultures. Toutefois, les textes sont interprétés exclusivement en suédois.

Sur le plan musical, Gjallarhorn s'est considérablement développé. D'abord avec *Sjofn* (NorthSide), le deuxième album, qui remet à l'ordre du jour poèmes épiques, ballades anciennes et musique suédoise, mais avec une perspective complètement inédite grâce à l'utilisation du didgéridou australien de même que d'autres instruments de percussion qui bonifient l'arsenal traditionnel. Parfois intimiste et parfois plus *hard*, le disque, pourtant acoustique, renferme plusieurs atmosphères à la limite de la transe générée par la techno.

Avec *Grimborg*, le groupe franchit encore une fois un pas de géant et exprime plus que jamais sa tendance à l'expérimentation, en offrant de surprenants clins d'œil à l'avant-garde. Les textes traitent du thème de la transformation alors que le titre, *Grimborg*, nous renvoie à un rituel traditionnel finlandais par lequel l'auditeur entre dans un labyrinthe et ne rejoint que bien difficilement le centre. Symboliquement, le disque aborde la difficulté de pénétrer l'univers de l'inconscient, difficulté que la pièce-titre illustre d'ailleurs très bien. Un violoncelle d'une rare intensité, un didgéridou primitif et ce qui ressemble à des cris de chasseur renforcent le caractère hypnotique de la musique.

Le disque est rempli de surprises. Entre le dépouillement de la pièce *Ack lova gud*, où la chanteuse Jenny Williams n'est accompagnée que par un simple violon, et l'impression de chaos qui se dégage de *Kulning*, la pièce la plus libre et la plus déchaînée, *Grimborg* nous plonge dans un imaginaire de rêve, imprégné de climats mystérieux avec des ballades mystiques et des airs plus rythmés. Toutes sortes de petits effets ponctuent le chant limpide et la voix cristalline de Williams : bourdons percussifs, rythmiques éclatées, écho, éléments de dissonance. Chaque instrument est mis à contribution et on se lance parfois dans de véritables improvisations. Cela accentue le caractère mondialiste d'un groupe qui peut maintenant être considéré comme l'un des meilleurs et des plus créatifs du folk scandinave.

On ne peut passer sous silence Hedningarna, le groupe-phare du renouveau de la musique suédoise. Dans *Karelia Visa* (NorthSide), il parcourt avec les chanteuses finlandaises Sanna Kurki-Suonio et Anita Lehtola le chant profond des exilés caréliens éparpillés en Finlande et en Russie.

De leur côté, les membres de Frifrot offrent sur *Summersong* (NorthSide) un impressionnant disque folk à la suédoise.

GARMARNA

Vengeance (1999)
NorthSide/Outside, NSD 6028

D'entrée de jeu, on croirait entendre une version électronique et féminine d'un Michel Faubert branché sur de la distorsion tapageuse. Un violon en boucle sert d'appel à un formidable *groove*. On devine aisément qu'un drame se joue. La voix sublime, intimiste et parfois céleste de la chanteuse Emma Härdelin s'élève avec panache. Elle est d'ailleurs l'une des plus grandes interprètes de la génération actuelle en Suède. On baigne en plein folklore, dans sa dimension la plus ancienne, la plus sombre et la plus cruelle. Dès la première pièce, une princesse doit être brûlée et toute la musique s'enflammera avec elle. Heureusement, elle aura la vie sauve grâce à son père, le roi. Puis le son s'adoucit pour laisser place, dans les pièces qui suivent, à des arrangements plus subtils. Mais le caractère macabre auquel le groupe est identifié depuis ses débuts en 1990 perdure jusqu'à la fin du disque. Une fausse pucelle sera enterrée vivante. Une fille, transformée en loup par sa belle-mère, doit boire le sang de son propre frère pour s'en sortir... Sur fond de meurtres sanglants, des ballades médiévales retracent et remémorent des histoires sinistres, fantastiques et surréalistes; des chansons à faire peur, dans une atmosphère d'épouvante. À côté de cela, Marilyn Manson passerait pour un chanteur de comptines. Toutefois, grâce aux effets ensorceleurs qui se dégagent de la chanteuse séductrice, qui se sert de sa voix comme de l'instrument le plus obsédant de l'orchestre, la beauté ressort malgré tout du charme maléfique de l'enfer, de ce monde de trahisons, de tromperies, de violence et de bestialité.

Pleinement identifié à la vague revivaliste scandinave des années 1990, avec des groupes tels qu'Hedningarna, Vasen, Hoven Droven et plusieurs autres, Garmarna n'en n'est pas à ses premières armes puisque *Vengeance* (appelé *Vedergallningen* en Suède) arrive après leurs deux disques précédents ont obtenu faveur publique et reconnaissance médiatique. *Vittrad* (Omnium, 1995) était plus cru alors que *Guds Speleman* (Omnium, 1996) révélait des arrangements plus complexes. Cet album a d'ailleurs remporté chez lui, en 1996, le trophée du meilleur disque de l'année. Cela permet de comprendre l'impact d'un groupe qui a dû faire sa marque après qu'Hedningarna a tracé la voie en matière de trad électronique.

Vengeance annonce ainsi une étape plus électronique qui mènera Garmarna vers la réalisation de *Hildegard von Bingen* (NorthSide, 2001). Mais, si on y retrouve plus de boucles et d'échantillonnages qu'auparavant, on y décèle encore des chansons traditionnelles, un fond plus rock, plus folk et plus ombragé. Le groupe reproduit, avec violons, vièles-à-roue, guitares et batterie, l'esprit plus que la forme exacte du chant des ancêtres. Toutes sortes d'effets ambiants et parfois hypnotisants sont insérés tout au long du parcours sonore. La densité de la musique et l'intensité de la voix d'Emma Härdelin, qu'elle soit projetée en solo ou en multipiste, éclatent une fois de plus au grand jour. Garmarna persiste et signe!

Hoven Droven est reconnu comme le pendant le plus hard rock du trad suédois. Mais *More Happy Moments With Hoven Droven* (NorthSide) nous rappelle, avec ses valses et ses marches, que ces musiciens possèdent aussi le swing des véritables groupes de danse.

Dans un registre plus proche de la tradition, Vasen offre sur *Spirit* (NorthSide) une compilation de ses trois premiers albums. D'excellents instrumentistes s'appuient sur le nickelharpa, instrument de pointe de la tradition suédoise.

NEIGE VERTE

MÉTISSAGE

Mélange de rythmes cubains et marocains, indiens et anglais, celtes et latins. Croisement des musiques de l'Occident et de l'Orient. Entremêlement de sons funk et rock avec la musique médiévale... Les influences proviennent de toutes parts, le métissage opère en tous sens. Il n'y a pas d'origine pure, les musiciens le démontrent mieux que quiconque.

THIERRY ROBIN

Un ciel de cuivre (2000)
Naïve/Auvidis/SRI, Y225091

Thierry Robin est un drôle de numéro. Originaire de la région angevine, dans le département Maine-et-Loire, ce musicien n'affectionne pas seulement la guitare. Avec brio, il joue aussi du bouzouq et de l'oud, des instruments à cordes que l'on entend plus souvent dans les pays arabes qu'en territoire français. Multi-instrumentiste curieux et passionné, il s'est intéressé pendant plus de dix ans à la musique traditionnelle de l'ouest de la France avant de se tourner vers les musiques orientales (notamment indiennes, turques et kurdes). Dès 1984, il apprend le luth et forme un duo avec le joueur de tabla Hameed Khan, originaire du Rajasthan, première étape d'un parcours où Robin jouera avec des musiciens de divers horizons et dans différentes formations (les groupes Nao, Johnny Mitcho, le Trio Érik Marchand). En 1993, il signe le superbe *Gitans*, album à la croisée des musiques de l'Orient et de l'Occident, qui fut couronné de nombreux prix.

Avec *Un ciel de cuivre*, Thierry Robin poursuit son œuvre de métissage. De l'Inde à l'Espagne, en passant par l'Iran et la Turquie, le disque retrace l'itinéraire des musiciens de la route. Ainsi réunies, les musiques de ces pays s'entendent à merveille. Prière gitane, berceuse indienne, rumba catalane, fandango mauresque, châabi berbère, compas kurde, maqâm turc se succèdent sans jamais donner l'impression d'un mélange disparate. Tout l'art de Robin réside, au contraire, dans l'agencement heureux de ces diverses couleurs et textures musicales, parfois à l'intérieur d'une même composition. Respectueux des traditions musicales qu'il étudie avec le plus grand sérieux, le musicien ne dénature pas l'esprit des différents styles qu'il traverse, mais crée plutôt à partir d'eux une œuvre forte et inventive dont l'authenticité est indéniable.

On goûte avec autant de bonheur les chants tristes et déchirés d'inspiration indienne ou catalane (interprétés par Gulabi Sapera et Farid Saadna), les pièces espagnoles rythmées et festives (scandées avec fougue par les guitares et les palmas, dans la rumba *Ma Gavali*, *Fatsa* et *L'Amour s'envole*), les explorations musicales plus modernes (étonnants saxophones et clarinettes aux accents jazz ou tsiganes d'Europe de l'Est dans *Casablanca*, *Petite-mère sultane* et le boléro *Ma Gavali*). Dans les compositions métissées, on apprécie le saxophone qui se retrouve dans un châabi (*Le Marché aux musiciens*), la réunion de la guitare et de l'oud (*Django à Bagdad*), la chanson flamenca interprétée sur du jazz oriental (*Fandangos maures*), l'échange des voix du cantaor et de la chanteuse indienne (*La Rose de Jaipur*). Ces deux voix rassemblées sur un même disque donnent par ailleurs une idée du territoire géographique et musical couvert par *Un ciel de cuivre* et rappellent subtilement les origines indiennes de la musique gitane. Nul hasard, donc, si Thierry Robin travaille avec Sapera, chanteuse et danseuse issue de la caste des charmeurs de serpent du Rajasthan, depuis la création de *Gitans* – étroite collaboration dont témoigne exemplairement *Rakhi* (Naïve, 2002), excellent disque de l'Angevin cosigné par Gulabi Sapera et sur lequel jouent les musiciens respectifs des deux coauteurs. «Rassembleur», n'est-ce pas le mot qui nous vient à l'esprit quand on pense au travail de création de Thierry Robin ?

Thierry Robin et le Trio Érik Marchand sont parmi les musiciens français rassemblés sur l'album double *World fusion. Métissages* (Silex). Y sont proposées des œuvres au croisement de la tradition et de la nouveauté, qui mélangent les styles et les genres, les couleurs et les rythmes, sur des airs d'ici et d'ailleurs. Un disque étonnant.

MÉTISSAGE

LO'JO

L'une des siens (2002)
Emma/Universal, 017 344-2

Le département Maine-et-Loire compte parmi ce que la France offre de mieux en musiques du monde : il a vu naître le multi-instrumentiste Thierry Robin de même que le groupe Lo'Jo, ce qui en soi est considérable. Plus connue à l'étranger qu'en France, la formation angevine est inspirée notamment par les rythmes arabes, africains et tsiganes. Nomade, la troupe n'est pas non plus indifférente à la musique de cabaret et de cirque. Le groupe formé de six membres a évolué depuis les années 1980. Offrant d'abord des concerts-performances avec d'autres artistes (saltimbanques, acrobates, danseurs), Lo'Jo se consacre surtout, à la suite de *Mojo Radio* (Emma, 1998) et *Bohème de cristal* (Emma, 2000), à sa carrière musicale. Aujourd'hui composé de musiciens issus de différentes cultures, le groupe impose un style où s'entremêlent mélopées arabo-andalouses, rythmes touaregs, musiques de l'Est et pulsations funk ou reggae.

Amenée à jouer sur tous les continents, la formation a tissé des liens avec plusieurs musiciens ; elle a donné des concerts pour le WOMAD (festival créé par Peter Gabriel) et a joué en plein Sahara avec le groupe touareg Tinariwen. Selon Denis Péan, le leader, certains titres de *L'une des siens* sont directement inspirés de la rencontre du groupe avec le peuple touareg. L'apport d'instruments comme le imzad en découle aussi. On devine les nombreux acquis qui ont pu résulter de ces échanges. Mais ce qui fascine par-dessus tout chez Lo'Jo est l'originalité incontestable de son architecture sonore, unique même si elle est le résultat d'instruments de toutes sortes (violon, accordéon, orgue à soufflet, bendir, djembe, darbouka, kora) et marquée par des influences diverses. Le style singulier du groupe est à la fois lyrique, nostalgique, intense et fantaisiste. Que son nom soit tiré d'une langue imaginaire, langue qu'il utilise en outre dans les chansons quand le français, l'anglais, l'espagnol, le créole ou l'arabe ne suffisent plus, est déjà en soi significatif. C'est dire comment son inventivité ne connaît pas de frontières.

Denis Péan, à qui l'on doit la plupart des textes-poèmes, chante de sa voix chaude et éraillée. Il est accompagné des sœurs Nadia et Yamina Nid El Mourid, dont les voix harmonieuses, qui évoquent l'Afrique du Nord, rappellent également les voix bulgares. Le violoniste Richard Bourreau se distingue par ses envolées aussi lancinantes que fougueuses que ne renierait pas un musicien tsigane. Parmi les douze pièces exceptionnelles que contient *L'une des siens*, on retiendra plus particulièrement *Mémoire d'homme*, mélange parfait des voix et du violon ; la pièce éponyme où est tangible la cohésion de tous les membres du groupe ; *À l'arène des audacieux*, sombre et grandiose ; *Rambling talk*, où les sonorités arabes du violon se marient à des rythmes africains, reggae et funk ; et l'envoûtant *« Poème de Japonais »*, où percussions et youyous se répondent. Un disque à découvrir sans faute.

Sur *Cuisine Non-Stop* (Luaka Bop), introduction à la nouvelle génération française, David Byrne a réuni Lo'Jo, Les Têtes Raides, Louise Attaque, Arthur H, La Tordue, Dupain et plusieurs autres artistes.

En sol québécois, Lo'Jo a fait des petits. Donnons-en pour preuve l'album éponyme *Chango Family* (Audiogram), qui se situe clairement dans la lignée de la formation française. La guérilla gypsie-reggae-chanson a accouché d'une œuvre accrocheuse, intelligente et folle.

MÉTISSAGE

RADIO TARIFA

Cruzando el Río (2001)
World Circuit/Nonesuch/Warner, 79629-2

Radio Tarifa, c'est le nom d'une radio imaginaire qui diffuserait depuis Tarifa, ville la plus méridionale d'Espagne et point le plus près de l'Afrique, du côté du Maroc. Trois Madrilènes talentueux et inventifs en revendiquent la paternité : le guitariste et percussionniste Faín Sánchez Dueñas, et le joueur d'instruments à vent Vincent Molino, qui formaient auparavant l'Ars Antiqua Musicalis, un groupe spécialisé dans la musique du Moyen Âge et de la Renaissance, ainsi que le chanteur flamenco Benjamín Escoriza. Ensemble, ils proposent une musique qui fait le pont entre les cultures espagnoles et nord-africaines. Réunion dans l'espace mais aussi dans le temps, puisque Radio Tarifa intègre harmonieusement et de façon fort originale sonorités médiévales et modernes.

Dans les années 1990, les deux premiers disques du groupe ont été accueillis très chaleureusement dans le monde. Plusieurs critiques ont placé *Rumba Argelina* (World Circuit, 1996) et *Temporal* (World Circuit, 1998) parmi les plus importants albums de musiques du monde de la décennie. Avec *Cruzando el Río*, Radio Tarifa poursuit avec le même bonheur cette entreprise qui stimule le dialogue entre les musiques andalouse, castillane, marocaine, méditerranéenne et africaine. Nouveauté qui renforce l'originalité du projet ? L'introduction de la guitare électrique sur ce troisième CD. L'une des forces de ce groupe est de savoir mêler une foule d'instruments provenant des sources les plus diverses. Ainsi, cette guitare électrique se retrouve aux côtés d'une double clarinette égyptienne, de deux hautbois, l'un du Poitou et le second issu de la Renaissance, d'une flûte en roseau héritée de l'Antiquité, d'un banjo marocain, sans parler des percussions africaines et plus simplement d'un saxophone ou d'un orgue. Autant d'instruments auxquels il faut joindre la voix rauque et émue de Benjamín Escoriza. L'inventaire peut sembler hétéroclite, mais il suffit d'entendre un disque de Radio Tarifa pour être séduit par la singularité et la pertinence de la démarche.

De cette fusion inventive témoigne aussi la variété des pièces que l'on retrouve sur *Cruzando el Río*. Par exemple, *Osú* est un flamenco enlevé qui mêle le cromorne, la guitare électrique et le guimbri. *Sin palabras* est une ballade écrite par Dueñas et Escoriza, où la guitare douce fait contrepoids aux appels lancinants des anciens instruments à vent. *El Viaje de Lea*, pièce arabo-andalouse, emprunte au rythme du tango. *Ramo verde*, chanson castillane, fait entendre une troublante voix féminine et l'écho lointain d'une cornemuse. Le percussif *Patas negras*, joué sur plusieurs rythmes de flamenco, entremêle les percussions africaines et les pas d'un danseur. Enfin, *Si j'ai perdu mon ami* est une pièce méditative écrite à la Renaissance où l'orgue et le hautbois se répondent tristement. Seul bémol : la trop brève durée du disque et des pièces (trente-six minutes, pour onze pièces). Ainsi, on regrettera que la pièce éponyme s'achève alors que l'envoûtement commençait... Pas question pourtant de bouder notre plaisir : il y a plus sur ce disque que sur bien des CD deux fois plus longs.

MÉTISSAGE

Accompagné par La Orquesta Arábigo Andaluza, le puissant chanteur de flamenco Juan Peña El Lebrijano reforge ce lien entre la musique arabe et la musique espagnole sur *Casablanca* (Hemisphere).

The Rough Guide to the Music of Spain (World Music Network) rassemble de jeunes musiciens faisant revivre les différentes musiques traditionnelles et régionales de l'Espagne.

OMAR SOSA

Sentir (2002)
Night & Day/Sélect, NDCD216

Omar Sosa n'est pas seulement un talentueux pianiste de jazz latin. Il est aussi un compositeur inventif qui transcende les limites du genre en lui adjoignant des musiques provenant d'horizons les plus divers. Après avoir étudié à La Havane, l'homme a notamment vécu au Brésil, en Équateur, à San Francisco, puis s'est installé à Barcelone. Autant de lieux où il a joué dans différents groupes avant de produire son album solo intitulé *Omar Omar* en 1996, puis son album *Free Roots* (Price Club, 1997) avec son propre ensemble. Ce parcours explique sa maîtrise de la musique afro-cubaine, son ouverture aux rythmes afro-américains du Sud et du Nord, de même que son intérêt pour des éléments de la musique marocaine. Ainsi, l'innovation pianistique de Sosa se double-t-elle d'une exploration de rythmes dont l'origine est africaine : gnawa marocain, folklore yoruba, rites de la santeria, mais également funk et hip-hop. Il faut dire que le projet du pianiste cubain est riche et ambitieux.

Deuxième volet d'une trilogie commencée avec l'album *Prietos* (Night & Day, 2000) et qui trouve son origine dans la rencontre spirituelle et musicale avec des musiciens gnaouis du Maroc, *Sentir* a été couronné de nombreux prix. Percussions, cordes, piano et voix s'y unissent pour créer un univers sonore des plus insolites. On aura une idée du caractère hybride et fort convaincant de cet avant-dernier CD d'Omar Sosa et de ses acolytes si l'on précise que les musiques proviennent de Cuba, du Maroc, du Venezuela, et qu'elles appartiennent aussi bien au jazz contemporain qu'aux musiques du monde, voire au *spoken word*.

L'ensemble du disque, pourtant savant et complexe, coule de source et reste justement très «senti», comme l'annonçait le titre de l'album. Il en va de même pour *Sucesion en blanco*, morceau duquel émane un sentiment de sérénité en même temps qu'une force incantatoire certaine, et de *Tres notas en amarillo*, ballade où le piano de Sosa accompagne la voix lyrique et mélodieuse de la Cubaine Martha Galarraga, dont la présence sur ce disque est partout lumineuse. Autres pièces rythmées et convaincantes ? *Rojo changó*, musique énergique qui pulse de façon véritablement organique, et *Toridanzón*, morceau où le piano est percussif. On ne peut oublier non plus *Manto blanco* : la pièce témoigne de ce mélange des couleurs et des textures musicales proposé par Sosa avec un mariage surprenant des phrases parlées du rapeur américain Terence Nicholson (dit Sub-Z) et des envolées mystiques du chanteur marocain El Houssaine Kili, auxquelles se joignent les accords vifs et détachés du piano, ainsi que le phrasé lié, plaintif, du violon marocain. Quelques pièces plus jazz de Sosa, qui partage manifestement une communauté d'esprit avec des pianistes comme Thelonious Monk et Randy Weston, complètent l'ensemble. En résumé : un disque original, au style inspiré et maîtrisé, qui embrasse grand.

Percussionniste qui a collaboré à la plupart des disques d'Omar Sosa, John Santos rend hommage sur *Tribute to the Masters* (Cubop) aux grands noms du jazz comme Dizzy Gillespie, Miles Davis et John Coltrane, de même qu'à quelques légendes vivantes de la musique afro-cubaine. Sa musique enlevante intègre des instruments et des formes traditionnelles à une musique beaucoup plus contemporaine.

SUSHEELA RAMAN

Salt Rain (2001)
Narada World/Virgin, 72438-50955-2-8

Cette chanteuse née au Royaume-Uni de parents indiens d'origine tamoule incarne bien malgré elle le débat actuel autour de la *world music*. Jusqu'à quel point les artistes porteurs des grandes traditions du monde doivent-ils toujours ne faire valoir que leur caractère exotique pour séduire l'amateur occidental ? Quelle est la place des musiques des immigrants et ceux-ci pourront-ils accéder aux circuits de l'industrie officielle du disque avec des musiques hybrides ? Certains voient en Susheela Raman une source de renouvellement de la pop occidentale, en l'occurrence britannique. Elle a d'ailleurs reçu les trophées, remis par Radio 3 de la BBC, de la meilleure artiste de *world music* et de la révélation de l'année toutes catégories en 2001. En revanche, Susheela Raman suscite le regard critique d'amateurs de musique classique indienne ou d'Asian Massive.

De sa mère, elle a acquis les techniques liées aux chants de dévotion et aux ragas de l'Inde du Sud. Puis elle a vécu son adolescence en écoutant du soul et du funk. Mais *Salt Rain* nous projette dans un univers qui ne tient pas de la simple superposition de ces genres, d'où son impact. Il s'agit bel et bien d'un acte de création très souple qui permet à la chanteuse de s'affirmer dès le premier disque en tant que force incontournable d'une nouvelle chanson internationale. Interprète à la voix sensuelle, Susheela peut s'adapter à toutes sortes d'arrangements et d'atmosphères dont l'esprit principal est empreint d'une sorte de folk rock mondialisant réinventé, ponctué de plusieurs instruments de percussion, dont des tablas omniprésents, et alimenté d'une variété de petits effets qui apparaissent tels des montages cinématographiques rapides dont on ne perçoit pas toujours immédiatement l'avantage. De plus, le climat général du disque demeure détendu même quand les rythmes s'accélèrent et que le son devient plus électrique.

Susheela ne tire pas sa force de la puissance de sa voix, mais plutôt de cette façon de jouer tout en finesse entre des registres d'émotions apparemment contradictoires qu'elle rend facilement conciliables. Elle manie l'art de la demi-teinte, sait ajouter des ambiances théâtrales, des images moyen-orientales ou des lancées planantes. Elle évoque les dieux hindous dans des gestes de dévotion sur des musiques très accessibles, et elle peut également chanter à l'occidentale avec des sonorités métisses et se marier à des duos ou à des montées vocales incantatoires. Pensons, par exemple, à la collaboration de l'Africain Ayub Ogada qui prête sa voix à deux pièces. Les musiciens sont bien choisis puisque l'on y retrouve Hilaire Penda, le bassiste que l'on a connu avec Salif Keïta ; Vincent Segal, le violoncelliste et collaborateur de Milton Nascimento ; Hossam Ramzi, un percussionniste de renommée internationale, et plusieurs autres qui apportent congas, bongos, cajon et harpe. De son côté, Sam Mills signe la réalisation d'un disque qui pose un nouveau jalon à l'édification d'une chanson métisse de qualité.

Tout comme l'Indo-Britannique Susheela Raman ou l'Éthiopienne Gigi, la Canadienne Maryem Tollar contribue à la création d'un nouveau vocabulaire à partir des traditions orientales. Dans *Flowers of Forgiveness* (Indépendant), elle affirme clairement sa double appartenance culturelle et poursuit sa recherche de formes esthétiques plus occidentales comme le jazz. Le disque oscille entre la dévotion orientale et l'accessibilité nord-américaine.

RUBÉN BLADES

Mundo (2002)
Sony/Columbia, CK 86662

Rares sont les artistes qui peuvent se targuer d'avoir à leur crédit au moins un chef-d'œuvre par décennie. Rubén Blades est de ceux-là. *Siembra* (Fania, 1978), le disque qu'il a fait paraître avec le tromboniste Willie Colon, est considéré comme le *SGT. Pepper's* latino, alors que *Buscando America* (Electra, 1984) fait partie des grands classiques hispaniques en Amérique. *Mundo* sera-t-il aussi retenu sur la courte liste des œuvres grandioses ? Sans aucun doute, puisque, une fois de plus, l'auteur-compositeur originaire de Panama a réussi à repousser les frontières de la salsa et des rythmes afro-cubains en signant une musique universelle qui, si elle s'inspire toujours de ses sources premières, projette ces rythmes de base vers un univers jamais défriché à ce point auparavant. Dans une perspective humaniste et avec l'engagement social qu'on lui connaît, celui que l'on surnomme le « Springsteen latino » filtre la planète entière à partir de sa propre expérience et cherche le dénominateur commun entre tous les peuples. Une démarche en parfaite continuité avec ses antécédents et qui s'inscrit à l'encontre des préjugés sociaux et du cycle de la violence engendrée par le racisme.

À cinquante-quatre ans bien sonnés, celui qui a révolutionné le cours de l'histoire de la musique *latina* avec des chansons sociales percutantes, des sujets souvent controversés, un extraordinaire sens de la mélodie, un *groove* très urbain et une ouverture peu commune à tous les styles de chansons et de musiques latino-américaines entame une nouvelle étape sans renier son passé de quelque façon que ce soit. Il crée ici, en collaboration avec les Brésiliens de Boca Livre, les Argentines de Boca en Boca, les Costaricains de Editus, et plusieurs autres musiciens d'un peu partout, un disque qui s'intéresse comme jamais aux musiques du monde et qui intègre des instruments tels que la cornemuse ou le didgéridou australien. Le mélange est parfaitement assumé et on a rarement entendu un amalgame aussi pertinent entre la philosophie que sous-tendent les textes et l'assemblage musical. Dans un grand mouvement circulaire, Blades ouvre et ferme le disque avec la salsa et les rythmes afro-cubains. Mais l'intérieur de l'album cache toute la richesse harmonique et montre la vocation rassembleuse d'un disque qui fusionnera tour à tour les rythmes latinos à la musique irlandaise ou malienne, aux sonorités asiatiques et marocaines ou même au flamenco. Cet exercice permet de mesurer toute l'ampleur de la voix du chanteur lorsqu'il rend un vibrant hommage au regretté Camaron de la Isla. Le disque évoque également le Brésilien Gilberto Gil, un compagnon d'armes, politicien à ses heures tout comme lui. « J'entends l'Irlande dans le son de la flûte quéna des Incas », affirme-t-il. *Mundo* livre toute la portée d'un appel à un rêve commun qui s'étend bien au-delà des cultures.

Le panaméricanisme musical de Blades a préfiguré la nouvelle génération latino-américaine, plus proche du rock et du ska-reggae. Sur leur disque *En vivo en Buenos Aires* (Sony), les Fabulosos Cadillacs interprètent *Desapariciones* de Rubén Blades.

MÉTISSAGE

VIEUX ROUTIERS

Les vieux routiers ont la bosse de la musique, c'est pourquoi ils roulent la leur depuis longtemps. C'est tant mieux quand le public reconnaît enfin leur talent. Bravo à ces vieux musiciens cubains ridés et inspirés, marqués par la vie, mais qui sont plus fringants que bien des jeunes et qui ont remis au goût du jour la vieillesse.

BUENA VISTA SOCIAL CLUB

Buena Vista Social Club (1997)
Nonesuch/Warner, 79478-2

De toute l'histoire contemporaine, aucun disque *world* n'aura été aussi vendu, aimé, adoré, critiqué, porté aux nues, réprouvé. Le *Buena Vista* aurait-il suscité autant d'intérêt sans la participation d'un guitariste américain et d'un producteur anglais? se demandent les uns. Le fabuleux succès du disque finira-t-il par «brûler» l'engouement pour la musique de l'île antillaise? s'interrogent les autres.

Si toutes ces questions sont encore débattues, elles ne font que souligner l'impact phénoménal de ce disque qui s'est vendu à plus de cinq millions et demi d'exemplaires dans le monde, à plus de trois cent mille au Canada, dont plus de cent trois mille au Québec. Aucun disque de musiques du monde, cubaines ou pas, n'avait auparavant atteint de tels sommets sur le plan international. Et, pour plusieurs, le *Buena Vista* aura permis d'ouvrir la porte d'un formidable univers, celui de toutes les musiques du monde.

Ry Cooder a vu juste. En présentant les vieux papis, il aura touché le cœur d'une musique qui émerge au nord tel un disque dans une société bruyante et peut-être trop bien organisée; une société de machines, d'éphémère et de performance. Dans ce contexte, la musique du *Buena Vista* renferme ce qu'il faut de spontanéité et de déglingue. Ici, le romantisme, la classe et l'élégance s'imposent tout naturellement. Par ailleurs, le disque aurait-il connu le même succès sans la présence de Cooder qui apporte avec discrétion, respect et justesse, il faut bien le reconnaître, cette touche nord-américaine qui confère au disque une atmosphère de proximité? Les Nordiques que nous sommes retrouveront tout au long du disque des couleurs propres aux productions antérieures du créateur de *Paris Texas* (Warner, 1989) ainsi que quelques accents de blues ou de gospel. Cela explique, en partie, l'ampleur de la réussite commerciale du disque.

Cependant, Cooder, en compagnie du producteur Nick Gold et du conseiller musical Juan de Marcos González, est parvenu à créer une légende, et c'est le plus important. Plus qu'un simple disque de sones, de boléros, de guajiras ou de danzons, le *Buena Vista* incarne d'abord une grande histoire, humaine et émouvante, universelle et intemporelle; celle des oubliés, des rejetés dans l'ombre, de ceux que l'histoire devait absolument retenir, celle des musiciens de la période pré-Castro. Se découvre alors un univers où le chanteur Ibrahim Ferrer est perçu, à soixante-douze ans, comme l'un des benjamins d'une famille qui ne voudra plus mourir. Une vraie famille de musiciens avec son ancêtre Compay Segundo, qui a joué de la musique dès les années 1920. Cet univers est curieusement devenu libérateur au sein d'une société occidentale qui n'arrête pas de vieillir. Des personnages tels que Rubén González, Omara Portuondo, Eliades Ochoa, Orlando «Cachaito» Lopez, Barbarito Torres se dégageront alors pour donner une âme au plus formidable triomphe de l'histoire des musiques du monde.

Il revient à Eliades Ochoa le mérite d'avoir fait sortir le regretté Compay Segundo de Cuba il y a une décennie. Animateur depuis plus de vingt ans du Quarteto Patria, l'une des plus merveilleuses inventions du son cubain, il a réussi avec *Sublime Ilusion* (La Raiz sonora) à rehausser l'élégance du style, la fluidité du jeu de la guitare, l'expressivité vocale et la grande profondeur du groupe.

RUBÉN GONZÁLEZ

Chanchullo (2000)
World Circuit/Nonesuch/Warner, 2 79503

Nombre de pianistes talentueux ne peuvent se vanter de jouer aussi bien, avec autant de plaisir et de passion, que Rubén González. Le pianiste n'est pourtant pas un jeune fringant, loin s'en faut. «*A young spirit in an old frame*», voilà comment le livret qui accompagne *Chanchullo* le présente. La légende veut que González, à soixante-dix-sept ans, retraité et arthritique, ne possédant même plus de piano, restait persuadé qu'il connaîtrait bientôt le succès, puisqu'on le lui avait prédit plusieurs années auparavant. L'espoir, c'est bien connu, garde en vie. Comme prévu, donc, on vient un jour le chercher afin qu'il participe à l'aventure de l'Afro-Cuban All Stars et du Buena Vista Social Club qui connut le succès que l'on sait. Le vieux pianiste n'avait pas joué depuis des années.

Pendant l'enregistrement des deux disques, González se rend chaque matin devant le studio, attendant impatiemment que les portes s'ouvrent pour se précipiter sur le piano. La session terminée, le producteur Nick Gold lui offre de faire un disque solo, son tout premier. *Introducing... Rubén González* (World Circuit, 1997) est complété en deux jours. Magnifique, l'album conserve quelque chose de cette spontanéité et de cette fraîcheur liées aux circonstances entourant l'événement.

Après de nombreux concerts et des heures de répétition, le désormais célèbre pianiste nous revient avec *Chanchullo* en 2000. Il a alors quatre-vingt-un ans. González a retrouvé toute sa dextérité, ses doigts souples montent et descendent les gammes avec une agilité surprenante. De plus, le pianiste joue avec une belle énergie, une puissance impressionnante. Il improvise et livre de brillants solos — accords plaqués, trilles et courses folles sur le clavier. Autour de lui, une équipe de vingt et un musiciens avec qui il partage une complicité évidente. Parmi eux : Orlando «Cachaíto» López à la basse, Manuel «Guajiro» Mirábal à la trompette, Jesús «Aguaje» Ramos au trombone et à la direction musicale, Richard Egües à la flûte. Ibrahim Ferrer et le Sénégalais Cheikh Lô font aussi une brève apparition.

Les morceaux interprétés rappellent l'âge d'or de la musique cubaine, cette période où González jouait dans les années 1940 aux côtés d'Arsenio Rodríguez, grand compositeur de sones, et plus tard aux côtés d'Enrique Jorrin, inventeur du cha-cha-cha. Descarga (*jam* afro-cubain), son, danzon, boléro, cha-cha-cha se succèdent. Certaines pièces sont douces et calmes, d'autres sont beaucoup plus enlevées et festives. Partout transparaît un même plaisir de jouer. Dans *Chanchullo*, González entame un solo à peine vingt-cinq secondes après l'ouverture, avant que les cuivres étincelants et les percussions se joignent à leur tour à la fête. Piano, cuivres, percussions et voix se répondent ensuite dans *De una manera espantosa*. *Central constancia*, émouvant danzon d'un temps révolu, mêle élégamment piano et violon, puis chœur et flûte. Cette douceur enveloppe aussi le célèbre *Quizás, quizás* d'Osvaldo Farres, grâce à la guitare et à la flûte. *Si te contará*, court boléro joué en solo par González, est délicieux. Et il faudrait encore parler des vivants cha-cha-cha *El bodeguero* et *Rico Vacilón*, de ce danzon singulier qu'est *Isora Club*, dont la ligne mélodique est prise en charge par le trombone...

En 2002, le Septeto Nacional Ignacio Piñeiro fêtait, avec *Poetas del Son* (Le Chant du Monde), son soixante-quinzième anniversaire. L'éventail des pièces offertes pour l'occasion est large : rumba, son, boléro, cancion et guarija... Parmi les compositeurs sollicités : Ignacio Piñeiro et Arsenio Rodríguez, deux musiciens qui ont considérablement marqué l'histoire de la musique cubaine.

OMARA PORTUONDO

Buena Vista Social Club presents Omara Portuondo (2000)
World Circuit/Nonesuch/Warner, 2 79603

Seule femme à faire partie du Buena Vista Social Club, cette septuagénaire cubaine est comparée aux plus grandes dames de la chanson internationale. Des rapprochements sont maintenant établis avec les Billie Holiday, Édith Piaf, Aretha Franklin… Comme toutes ces artistes, son univers est celui des amours perdues. Mais Portuondo demeure unique. Ses romances sont celles que l'on pleure et que l'on noie dans les cabarets enfumés, et qui réussissent malgré tout à nous bercer au son d'arrangements élégants et sophistiqués. Avec beaucoup de retenue et sans devoir s'époumoner, Portuondo parcourt une partie du répertoire cubain avec la sensibilité urbaine qui rappelle les années 1940 et 1950. Si l'inspiration est fortement traditionnelle, la vision qui s'en dégage n'a rien à voir avec les musiques campagnardes plus éclatées et déglinguées. Nous pénétrons ici dans le monde havanais de la période pré-Castro.

Plusieurs ont affirmé que ce disque s'avère le meilleur de la série des «Buena Vista». Il est à tout le moins l'un des plus cubains, réalisé sans la participation des musiciens américains associés à Ry Cooder. Tous les papis, de Compay Segundo qui joue de la guitare dans *Ella y yo*, à Ibrahim Ferrer, avec qui Portuondo partage un duo dans *No me llores mas*, en passant par le pianiste Rubén González, sont de la fête. Plus que sur les autres disques, on sent les Cubains chez eux et entre eux. Mise à part la collaboration de Manuel Galban qui s'avère à la fois discrète et efficace avec sa guitare électrique dans *Canto lo sentimental*, toute la musique s'habille d'instruments acoustiques.

Omara explore avec la même aisance, et sans que son pouvoir expressif en soit altéré, des répertoires aussi différents que le boléro romantique, le son plus traditionnel, le mambo plus rythmé et la trova poétique. Mais peu importent les styles choisis, on perçoit l'homogénéité des arrangements et la force d'une personnalité ardente. Chanteuse à la voix aigre-douce et au registre étendu, Portuondo sait faire ressortir l'intensité d'un poème d'amour sans élever le ton. Sauf dans quelques pièces telles que *¿Donde estabas tu?* ou *No me llores mas*, qui sont nettement plus animées et qui permettent à la chanteuse de se laisser aller davantage, la grande dame conserve son éloquence et montre une certaine retenue sans perdre sa vibrante émotivité.

Tout le disque est empreint de cette atmosphère de jazz vieillot qui établit un pont entre les *ballrooms* américains et les cabarets cubains. *Viente años* nous rappelle le filin, un genre que la chanteuse a contribué à populariser avec Elena Burke et qui ressemble à une version cubaine de la bossa-nova en plus jazzé. Comme pour terminer une soirée mémorable, celle que l'on a déjà appelée Omara Brown interprète une composition de Gershwin en espagnol et une pièce cubaine popularisée aux États-Unis par Glenn Miller. On se croirait au Tropicana, au début de sa carrière…

Durant les années 1970, Omara Portuondo s'est produite avec l'Orquesta Aragon, un groupe mythique qui existe depuis plus de soixante ans. Sur *En route* (Lusafrica), le groupe continue à nous toucher avec ses élans romantiques, ses charangas élégantes, un sens du rythme pétillant et une surprenante capacité d'adaptation, en dépit de ce petit quelque chose de vieillot qui constitue sa marque de commerce.

HENRI SALVADOR

Chambre avec vue (2000)
Exxos/Virgin, 724385 02472 6

Après les papis cubains, c'était au tour d'un octogénaire français, né à Cayenne en 1917 d'un père guadeloupéen d'origine espagnole et d'une mère indienne des Caraïbes, de faire souffler un vent de fraîcheur sur le paysage musical. Henri Salvador n'est pourtant pas un inconnu. Précurseur de la bossa-nova ayant inspiré João Gilberto et Antonio Carlos Jobim, ambassadeur du jazz de Louis Armstrong et de Duke Ellington en France, proche collaborateur de Boris Vian, *crooner* dans la lignée de Nat King Cole, le chanteur roule sa bosse depuis plus de soixante ans. N'empêche. Son disque *Chambre avec vue* a pris par surprise tous ceux qui voyaient maintenant en Salvador un ringard ou un cabotin tout juste bon à reprendre ses vieux succès d'antan.

Entouré d'une jeune équipe, le vieux routier nous offre un album remarquable. *Chambre avec vue*, c'est le charme des après-midi au soleil, le rythme langoureux de la musique brésilienne, la biguine gracieuse et nonchalante des Antilles. C'est le son raffiné des grands orchestres de swing, le tempo balancé et décontracté de la guitare, le son *cool* et feutré de la trompette à la Chet Baker. C'est la voix chaude et mélodieuse de Salvador susurrant à l'oreille de sa bien-aimée. Croire que ce disque est d'un autre temps serait perdre de vue que l'infatigable voyageur, qui s'est «chauff [é] au creux des îles […] a tant de rêves à vivre encore». En effet, celui qui a vu «tant d'escales et tant de ports» n'est pas «au bout de l'aventure» (*J'ai vu*). On comprend pourquoi les chansons *Jardin d'hiver*, *Chambre avec vue* et *Jazz Méditerranée*, composées par les jeunes et talentueux musiciens Keren Ann Zeidel et Benjamin Bioley, ont enchanté Salvador et l'ont incité à faire ce disque. Tout le CD s'abreuve à cette fontaine de jouvence d'où jaillissent petits plaisirs et douceurs de toutes sortes : «vin blanc glacé sous les glycines» (*Il fait dimanche*), «un courant d'air sur ton décolleté […], une orange pressée» (*Jazz Méditerranée*)…

Comme une caresse douce et chaude, le disque d'Henri Salvador met du baume sur notre âme. Si on ajoute à cela que *Chambre avec vue* est brillamment arrangé et interprété, produit avec soin par Marc di Domenico et Philippe Ulrich, qu'on y retrouve la présence heureuse de Thomas Dutronc et de Françoise Hardy, ainsi que les paroles de Art Mengo et de Paul Misraki (qui fut l'ami de Salvador), on ne s'étonnera pas que cet album soit devenu un classique en quelques mois seulement. D'ailleurs, Salvador s'est vu remettre le trophée Victoire du meilleur artiste de l'année 2000, et *Chambre avec vue* a été choisi pour le Victoire du meilleur disque dans la catégorie pop-variété. Vivement que tous partagent les grandes qualités de cette belle découverte !

En plus d'écrire pour Salvador avec Keren Ann, Benjamin Bioley a composé pour sa sœur Coralie Clément. *Salle des pas perdus* (Nettwerk) fait entendre un filet de voix française, mais propose un rythme rejoignant la samba brésilienne. Plaisir garanti pour peu qu'on aime le genre.

VELHA GUARDA DA MANGUEIRA

Roots Samba (2000)
Nikita Music/Bros, BROS-10002

Dans la foulée du Buena Vista Social Club nous arrive du Brésil ce disque très rafraîchissant qui met en valeur de vénérables artistes qui préservent la tradition la plus populaire de la samba en compagnie de musiciens plus jeunes. Ensemble, ils perpétuent la tradition de la Estação Primeira da Mangueira, la plus célèbre et la plus ancienne des écoles de samba de Rio. La Mangueira, fondée en 1927, demeure encore d'une vivacité sans précédent dans l'histoire du carnaval. Depuis ses débuts, alors qu'elle n'était qu'un rassemblement très informel de musiciens issus du bidonville de Mangueira, jusqu'à la consécration à titre de véritable monument de la culture nationale, la Mangueira fut directement associée à la création de ces immenses concours de costumes et de chansons du carnaval de Rio, devenant même la première lauréate dans les années 1930.

De son côté, la Velha Guarda, c'est-à-dire la vieille garde, est issue de cette école. Dès 1956, ses membres fondateurs, dont le célèbre Cartola, l'un des plus importants compositeurs de l'histoire brésilienne, se sont donné pour mission de protéger l'héritage de l'école de Rio. Au cours de leur fameux parcours, les «mangueiristes» ont acquis leurs lettres de noblesse en écrivant un nombre impressionnant de grandes chansons de samba. À toutes les époques, des monstres sacrés de la MPB (musique populaire brésilienne) sont passés par là. Pensons à Chico Buarque, l'un des auteurs-compositeurs les plus célébrés du pays, à Beth Carvalho, qui chante dans les écoles de samba depuis l'adolescence, et à Fernanda Abreu, que l'on a consacrée reine du funk brésilien, pour ne nommer que ceux-là.

Carvalho et Abreu, ainsi que Lenine, l'un des musiciens les plus notoires de la génération actuelle, rendent hommage aux anciens en collaborant à *Roots Samba*, un disque qui retrace les principales étapes de la Mangueira. Comme c'est toujours le cas dans ce genre de rencontre, la mémoire de tout un peuple s'érige ici en poésie identitaire. Les invités collaborent à une seule pièce et se mêlent harmonieusement à l'ensemble. Tout se fond ici dans le désir commun qu'ont les artistes de plonger dans leur histoire.

Roots Samba est d'abord un disque de chansons; des chansons émouvantes à souhait, animées par tout un arsenal de percussions et par un épatant joueur de cavaquinho, avec de vieilles voix cassées qui alternent avec de plus jeunes voix; des chansons pleines de vigueur et très rythmées, mais néanmoins détendues et tout en acoustique; des chansons aux chœurs qui répondent gaiement et énergiquement aux solistes; des chansons essentielles et authentiques. Bien plus qu'un hommage aux anciens, le disque dévoile la profondeur de cet art de la rue.

Presque inconnu au Québec, le sambiste-poète de Rio Nei Lopez parvient dans *De Letra & Musica* (Velas) à réunir, autour de ses mots, le *who's who* de la musique populaire brésilienne des temps modernes, de Chico Buarque à João Bosco en passant par Joyce, Alcione, Martinho Da Vila et bien d'autres. Autant de véritables artistes qui vont au-delà des efforts de mise en marché que nous réservent souvent ces genres de rencontres.

TRANSES
ET EXTASES

Parfois, la musique s'approche du sentiment religieux. Pleins feux sur ces musiques hypnotiques ou extatiques, empreintes de mysticisme, ces mélodies enlevées ou répétitives qui transportent l'interprète et l'auditeur, les envoûtent, les font sortir d'eux-mêmes.

BNET MARRAKECH

Chama'a (2002)
L'Empreinte digitale/Harmonia Mundi, ED 13144

On les a connues à la fin des années 1990 sous le nom de Bnet Houariyat, «Les Filles de Houariyat», du nom de la société berbère dont elles sont issues. Comme quatre de ces femmes sont nées dans les quartiers populaires de Marrakech, elles se réclament maintenant de la grande ville, d'où leur changement de nom. Dans leur culture, les femmes s'invitent dans les maisons à tour de rôle pour interpréter, avec voix et percussions, des chants râpeux et stridents aux rythmes vifs qui mènent souvent à la transe. On chante d'abord pour être ensemble et se sentir appartenir à la communauté. Très rares sont les femmes qui atteignent le statut de professionnelles de la musique, puisque là n'est pas l'intention. Après quinze ans d'animation de fêtes religieuses tels les mariages, les naissances, les circoncisions, les fêtes des saints de l'islam et autres rituels, les Filles de Marrakech y sont parvenues. De plus en plus éclectiques, elles ont considérablement enrichi leur répertoire traditionnel, constitué au départ de pièces berbères de la plaine de la Houra qui ceinture Marrakech, par des chants de quelques autres régions berbères et par des chants du châabi. Les Filles de Marrakech ont également acquis la maîtrise d'instruments à cordes comme l'oud, le luth arabe, le kamantche et le guimbri.

De plus, le groupe intègre des rythmes gnaouis provenant d'une musique originaire d'Afrique noire qui permet d'accéder à la transe. Les cinq femmes se sentent d'ailleurs proches des maîtres-musiciens de ce style à cause de leur façon de vivre et d'interpréter l'islam dans une forme qui s'avère aussi bien populaire que mystique. Leur répertoire est maintenant le plus diversifié de tous les groupes de chanteuses berbères de Marrakech. Mais, qu'importent les instruments utilisés, elles attaquent si rapidement et avec un sens du *punch* si dense que de simples voix et quelques percussions suffisent pour nous permettre d'être instantanément atteints par leur énergie dévastatrice. Même Rachid Taha a succombé, puisqu'il les a invitées sur son disque *Made in Medina* (Universal, 2000). On a parfois comparé leur polyphonie à l'art vocal pygmée et même inuit. On a dit de leur musique qu'elle représentait la parfaite synthèse entre la musique noire avec ses polyphonies complexes et la musique arabe aux mélopées sophistiquées. Les chants à répondre comprenant deux chœurs, la ponctuation lancinante qui rappelle un blues ancestral, les voix rauques complètement abandonnées à d'incessantes percussions, l'effet répétitif, les frappes percutantes, la joie évidente de chanter ensemble, les changements de tempos subits et des accélérations spectaculaires; tout cela constitue la charpente d'une musique hypnotique et magnétique qu'il faudrait écouter jusqu'à l'excès afin d'en saisir toutes les nuances… En prime, les Bnet Marrakech profitent d'un enregistrement impeccable, ce qui n'est pas toujours le cas dans ce genre de production. Vraiment, Aziza, les deux Fatima, Halima et Malika, ces femmes libres et éclatantes, sont de formidables créatrices d'ambiance.

Le groupe marocain Nass Marrakech mélange merveilleusement, sur *Sabil'a'Salaam* (Alula), le gnawa avec des sonorités de l'Afrique de l'Ouest, le flamenco, les percussions indiennes et la flûte japonaise kobayashi. Un disque à la fois intense et d'une grande beauté.

Les amateurs de gnawa plus traditionnel apprécieront davantage l'album double *World of Gnawa* (Rounder).

NUSRAT FATEH ALI KHAN

The Rough Guide to Nusrat Fateh Ali Khan (2002)
World Music Network/Fusion 111, RGNET 1078 CD

De l'ensemble de l'œuvre de celui qui fut l'un des plus grands chanteurs tous azimuts du XXᵉ siècle, il peut s'avérer hasardeux de ne choisir qu'un seul disque. Plus de cinquante albums de Nusrat Fateh Ali Khan témoignent d'une étonnante diversité. Car si l'artiste était d'abord et avant tout porteur du qawwali, une tradition mystique de l'islam que sa famille a transmise de père en fils depuis plus de cinq cents ans, Nusrat Fateh Ali Khan a développé de véritables talents de créateur en interprétant des ghazals, une forme musicale plus légère et poétique, en composant des trames sonores de films et en optant parfois pour des arrangements plus *dance*, qu'ils soient orientaux ou pas.

Nous avons donc choisi un disque qui permet d'introduire plusieurs facettes de ce personnage saisissant. Si les experts s'entendent pour placer au panthéon des musiques du monde la série de cinq disques *En concert à Paris* (Ocora) enregistrés en 1985 et 1988, de même que *Traditional Sufi Qawwalis* (Navras, 1993) capté à Londres et l'un de ses meilleurs selon l'interprète, *The Rough Guide to Nusrat Fateh Ali Khan* propose des extraits de chacune de ses œuvres magistrales. De plus, le disque permet de retracer l'évolution artistique de celui qui était considéré comme un véritable demi-dieu dans son Pakistan natal. Dès le début, on retrouve Nusrat avec *Ya Hayyo ya Qayyum*, une prière en l'honneur d'Allah. Un concert de qawwali qui observe les règles strictes du rituel commence toujours par ce genre de louange. La pièce est extraite du concert de Paris en 1988. On constate qu'à cette période la voix de l'artiste avait atteint plus de profondeur. On peut noter la différence en écoutant *Mera*

yeh Charkha, aussi enregistrée à Paris trois ans auparavant. Les chœurs y sont plus présents, et celui que l'on qualifiait de Shahen-Shah (l'étoile la plus brillante) s'accorde moins de liberté pour livrer ses puissantes montées incantatoires qui accompagnent et constituent souvent le point culminant des poèmes soufis.

Autrement, la compilation révèle un ghazal plus doux et romantique, composé par Amir Khusrau, l'inventeur du qawwali, de même qu'un extrait du concert de Londres, où l'on retrouve Nusrat au sommet de son art avec son extraordinaire puissance d'évocation, ses rythmes hypnotisants et son message d'amour. Le disque s'achève par un arrangement très *dance* avec des chœurs féminins et des intonations à l'africaine. Ne manquent à ce disque que les longues pièces de trente minutes ou plus, soit celles qui permettent de comprendre le développement du style de l'interprète, et quelques pièces des dernières années de sa vie. Mais celui qui est décédé prématurément en 1997 avait perdu une partie de la puissance incantatoire de sa voix. L'amateur qui désire découvrir le plus de couleurs possibles de ce monstre sacré en moins de quatre-vingts minutes peut s'en remettre à ce *Rough Guide* consacré au maître.

Avant que Nusrat Fateh Ali Khan devienne l'une des plus grandes étoiles de la *world music*, les frères Sabri s'étaient déjà élevés en référence absolue pour le style. Dans cette formation, aucune voix ne ressortait autant que celle d'Ali Khan mais, en contrepartie, on avait réussi à développer les harmonies vocales en groupe. *The Sabri Brothers* (Realworld) en témoigne.

ABIDA PARVEEN

Visal (2002)
World Village/Harmonia Mundi, 479010

À la base de ce formidable chant de dévotion, on découvre les poèmes soufis et leur philosophie de l'amour absolu. Pour simplifier, nous pouvons décrire la quête spirituelle de cette branche mystique de l'islam en sept étapes qui permettent de rejoindre l'Être aimé. Si on fait référence ici à l'amour sacré pour le divin, les mots retenus dans les textes relèvent de la métaphore et peuvent sous-entendre l'amour profane ou charnel. La trajectoire commence par la recherche de la vérité, condition inévitable pour accéder à la découverte de l'amour, à la connaissance et au renoncement de soi. C'est alors qu'apparaissent la rencontre, sens du mot *Visal* — le titre de l'album —, et l'étonnement de constater que Dieu et l'Homme sont des miroirs qui se reflètent mutuellement. Cette révélation acquise, le processus atteint son dénouement par la dissolution de l'amant dans l'Être aimé.

Cette vision de l'amour se cristallise musicalement dans le vai, un court poème lyrique, et le kafi, une forme de poésie mystique, qui proviennent tous deux de régions pakistanaises frontalières avec l'Inde. Or, dans cet appel lancé à l'absolu, une voix s'élève plus que les autres, celle d'Abida Parveen. Vénérée et décorée des plus hauts honneurs dans son pays, on l'a même souvent déclarée héritière de la couronne de Nusrat Fateh Ali Khan depuis la mort de ce monstre sacré. Mais, si la puissance évocatrice de la diva se compare à celle du défunt roi du qawwali, si ces artistes sont considérés comme deux des plus grandes voix du XXe siècle, s'ils ajoutent à leur musique de longues improvisations incantatoires et des ornementations spectaculaires, et transmettent dans leur art la ferveur mystique des poètes, le chant de Parveen s'avère moins exubérant, plus intime, plus délicat, plus féminin, plus près du ravissement et de la contemplation que de la transe et de l'envol total. Durant ses concerts, la chanteuse est d'ailleurs reconnue pour le caractère extatique qui se dégage de ses communications avec l'auditoire et pour ses louanges à l'Être suprême. Plus qu'une simple interprète, elle s'abandonne entièrement pour devenir un véritable canal de transmission de l'intensité spirituelle.

Si Parveen peut sillonner un grand nombre de styles, elle s'en tient sur *Visal* au vai et au kafi. Tout au long du disque, tablas et dholak apportent la pulsion nécessaire, alors que l'harmonium contribue à créer l'atmosphère de recueillement. À la demande de la chanteuse, on a ajouté la flûte bansuri, dont Henri Tournier joue avec beaucoup de discrétion, de discernement et de respect. D'aucune façon, l'instrument ne fait partie de l'arsenal traditionnel de la chanteuse, mais il procure ici douceur et raffinement, attributs qui renforcent la magie de la musique et qui confèrent au disque une couleur différente de ses autres albums. Deux longues pièces, *Tati ro ro wat nihara* et *Are logo tumhara kya*, permettent à la chanteuse de se libérer complètement et à l'auditeur de mesurer tout l'impact de cette voix grandiose.

Capté en direct, l'album *La Nuit des Qawwals* (Inédit) met en scène l'ensemble Faiz Ali Faiz avec Rehmat Ali de même que l'ensemble Mehr Ali avec Sher Ali. Toutes deux excellentes, ces formations permettent d'apprécier des chanteurs moins connus que Nusrat Fateh Ali Khan ou que les frères Sabri.

TRANSES ET EXTASES

MAHARAJA

786 (2002)
Cœur de Lion/Select, CDLCD2042

On a remarqué certains des musiciens de Maharaja dans le film culte *Latcho Drom*. On les a entendus dans la compilation *The Gypsy Road*. En 2000, ils furent l'une des révélations du WOMEX, le principal marché international des musiques du monde. Leur univers tient à la fois des musiques classiques et mystiques, puisqu'ils intègrent le chant de dévotion qawwali des musulmans, les bhajans épiques de l'Inde du Nord et les chansons d'amour ou de passion des gitans. En fait, ces formidables musiciens, chanteurs et danseurs du désert de Thar et du nord-ouest de l'Inde créent un regroupement de tendances autour des cultures présentes au Rajasthan, le berceau de la culture du peuple rom. Ils ne sont pas roms, mais leur musique est très proche de celle que le peuple de la route interprétait il y a un millénaire, au début de sa migration.

D'abord connu sous les noms de «Gitans du Rajasthan» puis de «Musafir», Maharaja fut mis sur pied en 1995 par le Parisien Hammed Khan, que l'on a également connu avec Thierry Robin. Khan a quitté le groupe depuis, mais les autres membres ont poursuivi leur démarche. Leur spectacle nous transporte littéralement dans le monde insolite des acrobates, des contorsionnistes, des fakirs, des poètes populaires, des *drag queens* du désert et des charmeurs de serpent. Ces formes d'art sont souvent le résultat d'un long processus d'apprentissage acquis caste par caste. Les membres de Maharaja proviennent donc de ces différents groupes sociaux parmi lesquels nous retrouvons les Langas, qui sont poètes, chanteurs, musiciens et généalogistes. D'obédience musulmane, les Langas jouent de la vièle sarangi. De leur côté, les Manganyars sont des chanteurs mendiants hindouistes, spécialistes de l'harmonium et du tambour dholak. Enfin, les Kalbelias forment une société nomade où les hommes exercent le métier de charmeurs de serpent, tandis que les femmes dansent sur des musiques de transe.

Le chiffre «786» renvoie aux numérologies aussi bien musulmane qu'hindouiste. La musique passe de la mélancolie la plus pénétrante à la joie la plus altruiste. Les musiciens alternent d'une pièce à l'autre. Les pièces débutent par des introductions nommées «alaap» et jouées à la vièle sarangi, à l'harmonium ou à la flûte aloogoza, dans un climat parfois très planant et sans percussion. Lorsque les pièces ne sont pas instrumentales, les voix entrent en scène. À un moment, le chant devient romantique à souhait, mais durant les qawwalis, la musique progresse invariablement vers de longues montées incantatoires et une progression de rythmes qui atteignent leur point culminant à la fin de chacune des pièces. On entre dans un monde de transe, et l'ombre de Nusrat Fateh Ali Khan plane encore. Si le timbre des trois chanteurs de Maharaja n'atteint pas la puissance émotionnelle du maître décédé, leurs jeux de voix, leurs interactions et la qualité de leurs instrumentistes n'ont rien à envier à quiconque.

Hammed Khan, le joueur de tabla qui a fondé les Gitans du Rajasthan, le groupe qui est devenu Maharaja, se retrouve dans quelques pièces de l'excellente compilation *La route des gitans/The Gypsy Road* (Auvidis). Le disque retrace, tout comme la trame sonore de *Latcho Drom*, le parcours des gens du voyage, depuis le Rajasthan jusqu'à l'Espagne, mais sans s'arrêter au Moyen-Orient, mis à part quelques clins d'œil du Français Thierry Robin.

JOYEUSES BANDES

On aimerait être polyglotte pour dire dans toutes les langues : « Que la fête commence ! » Les groupes latino, sénégalais et américains rassemblés ici ne s'embarrassent pas pour si peu. Avec eux, l'atmosphère est indéniablement festive, le plaisir de jouer ensemble est partout tangible et l'esprit de groupe, évident. Que la fête soit !

ORCHESTRA BAOBAB

Pirates Choice (2002)
World Circuit/Nonesuch/Warner, 79643 - 2

Orchestra Baobab compte parmi les formations sénégalaises les plus importantes des années 1970. Pendant dix ans, le groupe a occupé le devant de la scène dakaroise et étendu son rayonnement sur toute l'Afrique de l'Ouest et au-delà. Ses musiciens viennent des quatre coins du Sénégal, du Togo et de Guinée-Bissau. Certains d'entre eux faisaient partie du fameux Star Band, premier groupe populaire sénégalais formé dans les années 1960, duquel seront issus de grands noms de la musique, dont Youssou N'Dour.

Pirates Choice présente sur CD douze pièces enregistrées par le groupe en 1982 (à ce jour, la moitié seulement avait été endisquée). Entièrement repiqué, cet album double donne la mesure de ce que devaient être les soirées de danse au club Le Baobab, à Dakar, à l'époque où le groupe s'y produisait avec succès tous les soirs. Leur musique ? Une subtile fusion entre différents styles africains et cubains, ces derniers étant fort prisés depuis qu'ils furent importés par les marins à Dakar, dans les années 1940. Son rythme chaloupé et décontracté, Orchestra Baobab ne le doit donc pas qu'à ses racines africaines : l'intérêt marqué du groupe pour le son cubain contribue aussi au charme irrésistible de cette musique jouée apparemment sans effort, avec grâce. Participent à l'enchantement les voix de Rudolphe Gomis et de Balla Sidibe, qui chantent en wolof, en mandenka, en français et en espagnol, de même que les percussions de Mountaga Kouyate. Néanmoins, deux instruments se distinguent plus particulièrement : le chaud saxophone de Issa Cissoko et la guitare vive de Barthelemy Attisso, joués par des musiciens de grand talent, livrant de fabuleux solos et une prestation mémorable. Toutes les pièces rassemblées ici valent le détour. Parmi elles, nommons les cubaines *Soldadi*, *Ray m'bele* et la superbe *Utrus horas*. *Coumba*, chantée en français sur un rythme de rumba et racontant le départ de la bien-aimée qui avait promis «que le ciel serait toujours bleu», est, elle aussi, délicieuse.

Document précieux, *Pirates Choice,* nommé ainsi parce que circulaient bon nombre de copies pirates, signe de la popularité du groupe, propose une musique rafraîchissante et pourtant d'une autre époque. En effet, éclipsée vers la fin des années 1970 et le début des années 1980 par Youssou N'Dour et ses groupes Étoile de Dakar, puis Super Étoile de Dakar, la formation s'éteint. La musique proposée par le jeune chanteur, c'est-à-dire le mbalax énergique, que rythment les tambours tama et sabar, détrône les rumbas langoureuses et indolentes de l'Orchestra Baobab, dont la musique semble dès lors vieillotte et surannée malgré les efforts déployés pour la «moderniser». Ironie du sort si l'on songe que *Specialist in all styles* (World Circuit, 2002), excellent disque qui signe la renaissance de l'Orchestra Baobab, quinze ans après sa dissolution, a été produit par... Youssou N'Dour !

Le groupe Bembeya Jazz connut un vif succès pendant l'âge d'or des orchestres de danse d'Afrique de l'Ouest et fut promu orchestre national de Guinée dans les années 1960. Après quinze ans de silence, il lance *Bembaya* (Marabi), un disque où sont repris ses morceaux les plus célèbres. Le guitariste Sekou Bembeya Diabaté, surnommé «Diamond Fingers», est toujours au poste.

THE SPANISH HARLEM ORCHESTRA
Un Gran Dia En El Barrio (2002)
Rykodisc/Outside, RCD 16012

En 2003, aucun artiste de salsa n'a eu autant d'impact que le Spanish Harlem Orchestra, que l'on a comparé au Buena Vista Social Club. Invitée au Grand Événement du Festival de jazz de Montréal, lauréate de deux trophées lors des Billboard Latin Awards, la formation orchestrée par le producteur Aaron Levinston fait revivre le répertoire souvent méconnu des artistes new-yoricains, les Portoricains de New York, ceux qui ont vécu et travaillé durant presque tout le XXᵉ siècle dans la partie sud-est de Harlem, surnommée «El Barrio». Choisissant d'habiter, dès les années 1920, un quartier dont l'autre extrémité est considérée comme la Mecque du jazz, les New-Yoricains se sont imposés en constituant le plus important groupe ethnique de Harlem.

Autour du pianiste et directeur musical Oscar Hernandez (ex-directeur musical de Rubén Blades) ont été réunis plusieurs musiciens de talent : le chanteur Herman Olivera, le trompettiste Ray Vega, le joueur de bongo Bobby Allende, le bassiste Rubén Rodriguez (membre, avec Allende, du groupe Africando), les vétérans Jimmy Sabater (chanteur qu'on retrouvait sur Fania, étiquette new-yorkaise qui a lancé les plus grands artistes de salsa), le saxophoniste Mitch Frohman (membre de l'orchestre de Tito Puente), etc. Conçu par cette excellente formation, *Un Gran Dia En El Barrio* est un disque de salsa classique nommée salsa dura ou brava, en opposition à la salsa romantica qui lui succéda dans les années 1980.

Vibrant hommage à plusieurs illustres inconnus, *Un Gran Dia En El Barrio* (un grand jour dans le quartier) revisite également les classiques composés par Willie Colon et Hector Lavoe (*La Banda*), Tito Puente et Pedro Flores. Dans chacune des pièces, on chante tantôt l'amour, tantôt la joie de jouer ensemble, voire la suprématie de la musique sur l'amour. L'ensemble du disque fait renaître l'effervescence qui devait régner à l'époque dans les boîtes de Spanish Harlem : les cuivres puissants et chauds décoiffent, les congas et les bongos festifs invitent à la danse, le piano et les voix sensibles et enthousiastes émeuvent. Grâce à cette musique joyeuse et ensoleillée, New York est aussi chaude que des villes comme San Juan ou La Havane.

Inspiré par la grande tradition de la salsa new-yorkaise, le tromboniste Jimmy Bosch compose une salsa énergique et urbaine où l'improvisation individuelle occupe une place de choix. Avec *Salsa Dura* (Rykodisc), il s'impose comme l'un des leaders de la musique latine contemporaine.

Dans le plus pur style de la salsa brava, le groupe colombien Sonora Carruseles offre une prestation enfiévrée sur *Con Tiedos Los Hierros* (Discos Fuentes).

ARTISTES DIVERS

Mardi Gras in New Orleans (2001)
Rounder Heritage/Universal, 1166-11600-2

À titre de principale étiquette indépendante américaine, Rounder a contribué de façon magistrale, avec quelques maisons de disques telles que Arhoolie ou Smithsonian Folkways, à la renaissance des musiques de racines aux États-Unis. En 2001, la compagnie fêtait le trentième anniversaire d'un gigantesque travail de recherche et de diffusion qui lui a permis de révéler toutes les richesses du blues, du bluegrass, du hillbilly et de beaucoup d'autres musiques à tendance traditionnelle, dont celles de la Louisiane. *Mardi Gras in New Orleans* s'inscrit dans le cadre des célébrations d'une équipe visionnaire qui a réussi tout au long de son histoire non seulement à accompagner, mais également à lancer avec grande efficacité des milliers de trésors culturels.

Le disque, qui nous fait pénétrer dans le monde du célèbre carnaval de La Nouvelle-Orléans, reflète toute la diversité musicale de la ville. C'est presque comme si nous y étions. Même si les seize pièces furent enregistrées en studio, on a très souvent privilégié un caractère spontané, voire tribal dans certains cas. Les enregistrements laissent presque intacte l'ambiance désinvolte de ce genre de manifestation populaire. La technologie n'obstrue ni n'étouffe la déglingue. Omniprésente, l'énergie déployée par les musiciens fait de ce disque l'un des plus vivants qui soient.

Plusieurs des pièces retenues font partie du panthéon du carnaval. *Mardi Gras in New Orleans*, la chanson-titre de l'album, fut écrite pour l'événement en 1949, *Mardi Gras Mambo* en 1955 et *Carnaval Time* en 1960. Ne manque que *Iko Iko* pour compléter le panorama de ces grands classiques. Sinon, tout y passe. Tour à tour, des atmosphères de jazz, de blues, de rythm and blues ou de rétro se succèdent ou s'entremêlent. Des légendes, tel Chuck Garbo qui anima dans les années 1950, avec sa fameuse voix de baryton, le célèbre groupe vocal les Spiders, côtoient les Mardi Gras Indians qui n'ont d'amérindien que le déguisement, mais dont la musique s'avère très proche des sources africaines avec ses rythmes hypnotiques et ses chœurs qui répondent. Pour en témoigner, on a fait appel à Bo Dollis, un «chef» à la voix écorchée, qui ouvre le disque avec les Wild Magnolias et leurs rythmes aux accents latinos. Dollis revient plus loin avec Monk Boudreaux et le Rebirth Brass Band en nous plongeant au cœur de la fête. Le Rebirth, tout comme le Dirty Dozen Brass Band, les New Orleans Nightcrawlers et le Dejean's Olympia Brass Band, donnent le ton au disque en renversant la foule d'un seul souffle avec leurs cuivres rutilants. Le zydeco, avec Buckwheat Zydeco et Beau Jocque, de même que le cajun avec Steve Riley et Zachary Richard, ne sont pas laissés pour compte. On retrouve d'ailleurs ce dernier avec percussions, saxophone et trompette dans une version anglaise, latinisée et un peu rétro de *Mardi Gras Mambo*. On est loin de *Cap enragé*. Autrement, on sent tout au long du disque une atmosphère festive et débridée.

JOYEUSES BANDES

Pour les amateurs de musiques traditionnelles américaines, nous conseillons également *The Real Music Box-25 Years of Rounder Records* (Rounder), un coffret de quatre disques doubles à prix accessible, qui relatent le parcours d'une quantité impressionnante de styles. En guise de complément au *Mardi Gras in New Orleans*, nous suggérons *Louisiana Spice* (Rounder), qui fait partie du coffret mais qui se vend séparément.

YOUSSOU N'DOUR ET ÉTOILE DE DAKAR

The Rough Guide to Youssou N'Dour & Étoile de Dakar (2002)
World Music Network/Fusion, 111 RGNET 1109 CD

Reconnu comme le plus important artiste de l'Afrique contemporaine, vénéré chez lui au même titre que Léopold Sedar Senghor, le fondateur du Sénégal moderne, Youssou est devenu synonyme de mbalax, le style national de la musique de danse. Grand frère embarrassant pour certains jeunes musiciens, Youssou est toutefois le personnage emblématique d'une musique qu'il transporte depuis plus de vingt ans. Avec son charisme hors du commun, une voix puissante et pénétrante, au registre étendu, qui peut atteindre des hauteurs surprenantes et qui est en mesure de faire passer toute l'émotion du monde en une seule note, le chanteur perpétue l'honneur de sa mère griotte. Élevé dans la Médina dakaroise, il s'est imposé dès l'adolescence avant de devenir l'icône de toute une génération. Issu de la famille artistique du Star Band de la capitale, l'artiste créera, à dix-huit ans, Étoile de Dakar, l'ancêtre de Super Étoile, le groupe avec lequel il effectuera ses premières tournées européennes au début des années 1980. Le disque montre le parcours éphémère mais fabuleux de ces deux formations qui marqueront définitivement l'histoire. Ne vous attendez pas à y retrouver le mariage avec un son pop à l'occidentale, et encore moins la qualité technique des productions récentes de Youssou, puisque la compilation proposée retrace onze grands succès repiqués à partir des cassettes autorisées — donc non clandestines — des années 1970 et du début des années 1980. Si la musique est plus crue et les arrangements moins léchés que maintenant, on y perçoit cependant un sentiment d'urgence et une énergie brute que Youssou ne dégage plus sur disque depuis qu'il a accédé au rang de star internationale.

À l'époque, Youssou a environ vingt ans et sa voix commence à devenir plus mature. Parallèlement à sa musique, il développera un sens des affaires peu commun qui ne s'est jamais démenti. Bien avant l'ouverture de sa maison de production et de son studio Xippi, il tient à Dakar le club Thiossane, ce qui lui permet de jouer régulièrement et de s'élever au-dessus de la mêlée sénégalaise, puis de prendre son envol international. De plus, et contrairement aux autres griots qui chantent souvent des louanges vénérant le passé, Youssou écrit des pièces sur des thèmes tels que l'urbanisation, l'émigration, les droits des femmes. Il poursuivra et affinera cette démarche tout au long de sa carrière.

The Rough Guide to Youssou N'Dour & Étoile de Dakar débute avec deux pièces qui rappellent la période de l'influence latine. Puis on remarque la transformation progressive de ce qui allait devenir, au début des années 1980, le mbalax en tant que style national. Les dialogues avec le tama occupent plus d'espace sonore, des instruments comme le sabar permettent de développer de fabuleuses polyrythmies. Quelques couleurs latines perdurent, des ambiances décontractées côtoient des rythmes frénétiques, les cuivres résonnent parfois de façon approximative. Mais rien de tout cela ne dérange, compte tenu de la force des compositions et de la formidable présence de celui qui allait être la véritable étoile de Dakar.

Si Youssou N'Dour incarne le mbalax, le chanteur Nder est celui qui, récemment, a battu les records de ventes au Sénégal. Sur le disque *Nder & le Setsima Group* (Nuits d'Afrique), on retrouve des versions remixées des plus grands succès de ses trois premières cassettes. Nous avons affaire à un mbalax très bien ciselé et rodé au quart de tour.

ARTISTES
ENGAGÉS

Enragés, les artistes engagés que nous regroupons ici ? Il y a ceux qui dénoncent haut et fort. Il y a les irrévérencieux qui décochent des clins d'œil narquois. Il y a ceux dont le message reste toujours empreint de poésie. Les façons varient, mais tous s'expriment à travers une musique qui, elle, est manifestement chérie...

LILA DOWNS

Border (2001)
Narada World/Virgin, 72438-10265-2-6

Née d'une mère amérindienne mixtèque et d'un père anglo-américain, Lila Downs n'est pas fascinée sans raison par la frontière américano-mexicaine. Elle doit à sa double origine un parcours ponctué de va-et-vient entre la culture mexicaine et nord-américaine. Après avoir passé les premières années de sa vie à Mexico, elle vivra en Californie (et y apprendra la musique classique et l'opéra), rejoindra son père au Minnesota, sera diplômée en anthropologie et en art vocal, avant de retourner vivre à Oaxaca, auprès de sa mère, où elle renouera avec ses racines mexicaines. Résultat ? Ses chansons trouveront leur source dans cette double origine, marquant du sceau de l'originalité l'ensemble de son œuvre.

Dédié aux immigrants mexicains et à ceux qui sont morts en tentant de traverser la frontière américaine, *Border* n'a rien du réquisitoire lourd, même si le sujet de plusieurs chansons reste grave. Y font obstacle la passion, la sensibilité, le *sentimiento* (émotion profonde) de la jeune chanteuse ainsi que les arrangements modernes et colorés des quinze morceaux du CD, chantés en espagnol, en anglais et en maya. Avec une voix essentiellement grave dont le registre s'étend sans difficulté jusqu'à l'aigu, Lila Downs propose un répertoire qui réserve une belle part aux chansons d'amour (*La Llorona*, *Corazoncito tirano* et *Perhaps, Perhaps, Perhaps* — reprise du classique d'Osvaldo Farres et immortalisé par Nat King Cole) et aux chansons politiques souvent ironiques (*Sale sobrando*, *El Bracero fracasado* et la superbe *Pastures of Plenty* — mélange de deux chansons folks américaines de Woody Guthrie et d'une pièce de Downs). Tantôt légère, tantôt sérieuse, la chanteuse défend avec fougue les Mexicains exploités d'un côté comme de l'autre de la frontière, dénonce l'injustice et le racisme sans se départir d'une insolence rieuse, égratignant tout aussi bien l'hymne national américain que les classiques mexicains entonnés en chœur par les hordes de touristes.

Riche et complexe, l'approche musicale de Downs ne cède en rien à la facilité, bien au contraire. Les musiciens présents sur *Border* jouent de plusieurs instruments traditionnels (carapace de tortue, guiro, harpe, etc.), mais leur interprétation n'est jamais folklorisante. Les compositions et les arrangements de Lila Downs et Paul Cohen allient tradition et modernité ; ils intègrent aux rythmes du folklore mexicain des sonorités jazz, funk et parfois hip-hop. Instruments folkloriques précolombiens et mexicains se mêlent harmonieusement à la guitare électrique, au saxophone, au piano, à la basse… Les cumbias, boléros et rancheras se trouvent ainsi modernisés, voire réinventés. Du début à la fin, *Border* se révèle un projet sérieux, aucunement austère et fort original. Une belle découverte.

On prolongera le plaisir en écoutant la bande originale du film *Frida* (Universal), lequel raconte la vie de la peintre mexicaine Frida Kahlo. Sur ce disque, Lila Downs interprète cinq pièces. À ses côtés, on trouve notamment Caetano Veloso et Chavela Vargas.

ARTISTES ENGAGÉS

EL HADJ N'DIAYE

Xel (2002)
World Village/Harmonia Mundi, 468001

Entre deux mille rapeurs et des vedettes accomplies comme Youssou N'Dour, Baaba Maal, Ismaël Lo ou Omar Pene, il peut être périlleux pour un jeune auteur-compositeur de s'imposer au Sénégal et de se faire reconnaître ailleurs. La scène dakaroise est en pleine ébullition. Or, sur le terrain de la chanson aussi bien que sur ceux du cinéma et de l'organisation sociale, El Hadj N'Diaye y est parvenu lentement, mais sûrement. Il se fait d'abord connaître au Sénégal en 1985 avec *Comment ça va et comment va la santé*, une chanson qui deviendra l'indicatif d'une émission radiophonique matinale. Quatre ans plus tard, il s'implique activement en faveur des laissés-pour-compte au sein de l'organisme Enda Tiers-monde pour mener un combat social qu'il n'abandonnera jamais. Au début des années 1990, on le retrouve au Québec durant six mois. On remarque la qualité de ses textes ainsi que son engagement social sans concession, son imposante présence et ses collaborations aux côtés du groupe afro-montréalais Takadja. Pendant ce temps, il mène une carrière d'acteur et, de 1989 à 1996, il enregistre quatre cassettes africaines avant de lancer en France *Thiaroye* (Siggi Musique, 1997), un album de chansons très folks qui fera enfin l'unanimité de la critique. *Xel*, le disque suivant, sonne moins folk, parce que de facture plus diversifiée et plus sénégalaise avec une touche de mbalax. Il propose un son plus traditionnel par l'utilisation d'instruments tels la kora ou le balafon, et plus rock à cause de la guitare. Le disque lui procure une véritable consécration puisqu'il lui permet de devenir le deuxième Africain seulement à obtenir le prix de l'Académie Charles-Cros, l'une des plus grandes distinctions musicales de la francophonie.

Bâti comme un chêne, ce doux chanteur et poète émerge contre la pensée unique avec des sons folks qui se transforment parfois en rythmes frénétiques ou en frappes électriques. Car, en dépit des apparences, c'est bien de cela qu'il s'agit. Avec sa voix dramatique de ténor, haut perchée, tourmentée, légèrement éraillée et pas toujours assurée, El Hadj s'élève, prend position sur les sujets les plus brûlants de l'actualité : les enfants de la rue, les marchands d'armes ou les prédateurs qui tuent la verdure des champs. Il dénonce, prône l'unité, reflète la poésie des petites choses, insuffle de l'espoir et pleure sans complexes. Chanteur de l'amour infini, il est prêt à chavirer pour sa mignonne. On l'aura compris, El Hadj peut également caresser de toute sa tendresse. S'il descend d'abord du *protest-song*, il demeure à mille lieues du style coup de poing, préférant toucher le cœur avec des mots simples, ce qu'il réussit parfaitement en s'accompagnant d'une guitare et d'un harmonica. Si *Thiaroye* lui avait ouvert les portes de l'Europe, *Xel* pourrait bien lui permettre de devenir l'une des vedettes africaines majeures des prochaines années en Amérique.

ARTISTES ENGAGÉS

«Dès que tu quittes ton pays tu [dois] pourvoir aux besoins des proches restés au pays»: c'est ce que chante l'auteur-compositeur Diogal sur *Samba Alla* (Mélodie). Il s'agit d'un disque qui propose des ballades finement livrées en compagnie de musiciens comme Wassis Diop, Didier Malherbe ou Loy Ehrlich, pour ne citer que ceux-là.

BONGA

Mulemba Xangola (2000)
BMG, 74321-82896-2

Rares sont ceux qui transportent de leur voix les révolutions politiques, ceux qui personnifient l'accès à la souveraineté des peuples. Pensons à Thomas Mapfumo au Zimbabwe, à Fela Kuti au Nigeria, Manno Charlemagne en Haïti... et Bonga en Angola. Depuis plus de quarante ans, le chanteur à la voix rocailleuse travaille sans relâche à l'édification d'un monde meilleur dans un pays qui a dû subir les affres de la colonisation portugaise avant de déclarer son indépendance en 1975 et de sombrer dans d'interminables guerres fratricides.

L'artiste étonne. Dès les années 1950, on le retrouve dans les carnavals des bidonvilles de la capitale, Luanda, au sein de manifestations qui illustrent déjà la résistance politique et culturelle contre les colons qui interdisaient l'accès à la culture des anciens. Par la suite, on le découvre à Lisbonne en tant qu'athlète au quatre cents mètres, sous le nom de Barceló de Carvalho, un nom «colonial» qu'il a rejeté lui-même au profit de Bonga Kuenda. En 1972, alors qu'il est de retour en Angola, il se voit forcé de s'exiler. S'il avait surtout milité jusque-là pour l'indépendance de son pays, il ne s'arrêtera plus de dénoncer toutes les injustices sociales.

On a comparé sa musique à celle de Cesaria Evora à cause de la célèbre pièce *Saudade* que l'Angolais avait enregistrée deux décennies avant que la «diva aux pieds nus» la reprenne. Le rapprochement entre les deux relève d'une appartenance commune au monde lusophone, d'un cousinage avec la chanson brésilienne et d'un sentiment de nostalgie qui se dégage de l'œuvre de chacun. Mais, sur *Mulemba Xangola*, de nouvelles lumières scintillent. Si le semba traditionnel angolais demeure une voie prépondérante, Bonga se laisse davantage aller à la fête. Serait-ce l'effet bénéfique de la diaspora ou un simple retour à l'esprit des musiques de rue de sa jeunesse? Quoi qu'il en soit, on sent Bonga plus à l'aise que jamais avec sa condition d'exilé. Le regard qu'il pose sur les musiques d'influence congolaise ou antillaise en témoigne. On perçoit des lueurs de zouk, de soukouss, de compas et de merengue. Presque toujours en acoustique, l'arrangeur s'amuse visiblement avec guitares, flûte, marimba, accordéon, basse et percussions. Cependant, si les frontières sont plus ouvertes, *Mulemba Xangola* nous ramène au tam-tam de l'Angola, qui sonne jusqu'à l'extase et qui permet de comprendre des vérités essentielles que l'on se raconte autour d'un grand arbre, comme le faisaient les anciens. Des vérités qui soulignent l'unification du pays, ses coutumes et sa manière d'être. Une sincérité que l'on partage avec des invités de l'extérieur qui s'intéressent au pays pour des raisons autres qu'économiques. Et cela n'empêche d'aucune façon Bonga de se livrer à quelques romances ni de revêtir ses habits les plus élégants.

L'année 1995 a marqué l'indépendance des anciennes colonies portugaises. Pour souligner l'événement, le disque *1975-1995 Independencia* (Tinder) propose une excellente compilation de musiciens d'Angola, de Guinée-Bissau et du Mozambique. L'occasion est bonne pour découvrir des artistes tels que N'Kassa Cobra, Africa Negra ou Ruy Mingas, qui partagent la vedette avec les plus connus, comme Cesaria Evora, Tito Paris ou Bonga.

BEETHOVA OBAS

Planèt La (2001)
Nuits d'Afrique/DEP, AFR2-1557

Il chante et on croit qu'il nous susurre les paroles d'amour les plus tendres. Erreur : Beethova Obas est en train de nous dire, en créole, que nous polluons la planète et que nous sommes menacés par le fléau du sida ! La démarche a du chien. Chose certaine, elle a de quoi retenir l'attention, car le personnage en question chante rudement bien, sa musique est fort belle et les paroles font sens. Avec Emeline Michel, les groupes Boukman Ekspéryans et Boukan Guinen, le compositeur, chanteur et guitariste appartient à ce courant d'artistes haïtiens qui proposent des textes graves, de grande qualité, sur des rythmes variés alliant le compas et le ra-ra haïtiens au jazz, au rock, à la samba, à la bossa-nova, etc.

Planèt La est le premier disque du chanteur à paraître sur étiquette québécoise (deux ans après sa sortie), alors que Beethova Obas en est à son quatrième — après *Le chant de liberté*, *Si* (Declic Communication, 1993) et *Pa prese* (Declic Communication, 1996). L'album séduit d'abord par ses rythmes évoquant le Brésil et rappelant la bossa-nova, par son jazz fluide, avant de nous retenir en dressant en quelque sorte l'état de la planète. Le disque est une véritable fête qui invite même, dans certaines pièces, à la danse. Guitare, percussions et piano, tous joués par des musiciens de talent, donnent le rythme. Et sur les onze morceaux, Obas chante de sa voix douce et sensuelle qui nous charme à tout coup. Le chaud climat des Caraïbes n'est jamais loin. Son timbre caressant rappelle *Chambre avec vue* de Henri Salvador, mais la réalité décrite y est complètement différente.

Né sous le régime de Duvalier, qui lui a enlevé son père, le peintre Charles Obas, à l'âge de cinq ans, Beethova (prénommé ainsi en l'honneur de Beethoven) va se mettre à la musique pour dénoncer les horreurs dont est victime son pays. Dans *Abolisyon*, il parle des braceros, ces esclaves modernes qui travaillent « Ici et là (sur la planète)/Pour bâtir d'autres sociétés/Au prix de leur sang ». Dans *Nèg kongo*, il dénonce la corruption et les pots-de-vin. *La Pli* clame qu'il n'y a aucune raison de faire couler le sang. *Ki bagay* aborde le problème de l'irresponsabilité, du luxe et de la drogue. La pièce éponyme, reprise en français, témoigne pour sa part des répercussions qu'ont sur son pays, et en somme sur toute la terre, les violences commises par les hommes : « tout résonne en écho », la « tragédie d'Hiroshima/se répercute à Fontamara », un quartier de Port-au-Prince ; « Un coup de poignard à Brooklyn/Me saigne jusqu'à la Saline », autre quartier de la capitale ; « Gaspiller l'eau à Paris/M'altère jusqu'à la Grand'rue ». « Dites-moi où vous irez/Quand vous aurez tout gâché ? » demande finalement Beethova Obas. En somme, le chanteur tient le pari de nous faire à la fois chanter et réfléchir, de nous séduire en parlant de misère et de problèmes sérieux ; il marie comme personne douleur et sensualité, gravité des textes et ballades délicieuses.

En 1991, avant son premier album, Beethova Obas fait une rencontre déterminante et se lie d'amitié avec le Martiniquais Paulo Rosine, membre du groupe Malavoi. Avec ce groupe, il entamera une tournée antillaise et française, et il participera à l'enregistrement de leur disque *Matebis* (Declic Communication), qui le fera connaître internationalement.

JUAN CARLOS CACERES

Tocá Tangó (2001)
Cœur de lion/Sélect, CDLCD-2017

L'Argentin Juan Carlos Caceres n'a pas une conception étroite du tango. Toute sa démarche tend plutôt à remonter aux origines noires de cette musique et à réintroduire la polyrythmie africaine, issue du candombe (style joué par les Noirs sur des tambours). Le mot « tango », précise le chanteur, signifie « tambour » et fait référence au lieu où les esclaves noirs se rassemblaient pour jouer et danser. C'est donc tout un pan de la culture argentine, trop souvent occulté, que Caceres veut révéler. Du reste, comme il se plaît à le dire, le tango réunit différents styles (la milonga paysanne, la habanera créole, le mélodisme des Italiens, la tradition populaire espagnole, les influences d'Europe centrale apportées par l'immigration juive, le bandonéon allemand…) et serait, avant la lettre, l'une des premières musiques *world*. Bref, si Caceres revient au tango, c'est afin d'en explorer les avenues insoupçonnées, de remettre en cause sa forme habituelle parfois policée et d'insister sur son caractère africain, multiple et festif.

Les premières mesures du CD annoncent immédiatement le ton : l'atmosphère est à la fête, et pour cause. *Tocá Tangó* célèbre et participe à la renaissance de la murga, une musique de carnaval jouée de part et d'autre du Río de la Plata (à Buenos Aires comme à Montevideo). Tambour, grosse caisse, cymbale, flûte, piccolo et tuba mènent le bal ; ils sont accompagnés par le piano et le trombone de Caceres et par l'accordéon de Didier Ithursarry. Avec sa voix rauque qui rappelle immanquablement celle de Paolo Conte, l'Argentin exilé à Paris depuis 1968 s'en donne à cœur joie.

Moins sombre que *Sudacas* (Cœur de lion, 1995) et *Tango Negro* (Cœur de lion, 1999), *Tocá Tangó* est coloré et vivant, à l'image des toiles du musicien reproduites dans le livret. Cette fougue, on la retrouve non seulement dans les rythmes enlevés qui empruntent à la musique africaine, mais aussi dans les textes irrévérencieux du compositeur. Insolent, frondeur, le chanteur offre un album très engagé. Dans une langue imagée, souvent sarcastique, Caceres chante les misères des démunis de toutes sortes (Noirs, pauvres, immigrants, conquis) et dénonce la corruption, le pouvoir de l'argent et les effets de la mondialisation. La solution qu'il propose aux victimes du « grand baratin » ? « Taper sur le cuir [du tambour] pour oublier ses chagrins », « dans[er] ensemble jusqu'au tombeau », livrer « une impro du tonnerre ».

La musique, à l'instar du carnaval, est subversive. Sans se soucier d'être politiquement correct, Caceres s'inspire de ces fêtes populaires de rue, ces murgas où l'on chante et danse, et leur insuffle un humour cinglant, un air de révolte. *Tocá Tangó* nous en convainc, la force de la musique est grande. Celle-ci peut à tout moment refaire surface (dans *Viejo trombón*), abolir la distance et réunir les amis (*Los Muchachos de Paris*), chasser la douleur (*El señor*) et, bien sûr, défier la bouffonnerie au pouvoir (*Mascarada*). En cela, elle est inestimable.

ARTISTES ENGAGÉS

De sa voix riche, profonde et parfois fragile, Barbara Luna rappelle l'histoire meurtrie de l'Argentine sur *India Morena* (Cœur de lion). Celle qui chante sur *Tocá Tangó* reprend ici deux pièces de Caceres.

Autre Argentin installé à Paris, l'accordéoniste Raúl Barboza livre, sur les trois disques réunis dans *L'Anthologie* (Frémaux & associés), une œuvre inspirée. Virtuosité et pouvoir d'évocation caractérisent le travail de ce musicien.

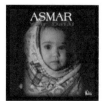

YAIR DALAL

Asmar (2002)
Mage/Fusion 111, MGD039

Artiste engagé, ce compositeur israélien l'est dans tous les sens du terme. Non pas que les textes de ses chansons soient toujours porteurs de messages politiques, mais parce que sa démarche activiste favorise depuis le début les rapprochements entre Israéliens et Palestiniens. L'artiste fait musicalement résonner la paix en tentant d'abolir les différences idéologiques entre les deux cultures et en célébrant toutes les traditions dont sont issus les Israéliens. En cela, Dalal est considéré comme l'un des plus importants créateurs du récent renouveau des musiques orientales dans son pays. Il s'est même intéressé à un très vaste spectre sonore, couvrant les musiques de l'Inde jusqu'à celles de la Méditerranée, en intégrant parfois, çà et là, des teintes occidentales, des chants liturgiques, du klezmer et bien d'autres styles. De sa vision artistique émane une luminosité qui contraste avec un environnement souvent bien sombre.

Israélien né de parents émigrés d'Irak, il est l'un des derniers représentants de la musique judéo-arabe d'Irak, une riche tradition que l'on a, pour des raisons politiques, presque condamnée à l'oubli. Dès l'enfance, il a baigné dans les sonorités juives et arabes. Tout au long de son parcours, il a collaboré avec des musiciens des deux horizons culturels. Ses projets foisonnent. Par exemple, le Middle East Session dévoile une collaboration musicale israélo-palestinienne alors que son groupe Al Ol a fait redécouvrir le caractère oriental de la culture israélienne. En solo, il a créé *Shacharut*, qui s'inspire de l'héritage musical de Babylone, aujourd'hui l'Irak.

On retrouve cette atmosphère dans *Asmar*, un des meilleurs disques de Dalal au dire de plusieurs, et dans lequel l'artiste retourne plus qu'auparavant aux racines de sa musique. L'album propose un éventail de traditions persanes, irakiennes et israéliennes. Composé de pièces classiques ou traditionnelles et de textes récités ou chantés en hébreu et en arabe, le répertoire évoque, à l'aide d'instruments tels que l'oud, le daholla, l'accordéon, la flûte ney et diverses percussions, la musique de Bagdad et les atmosphères du désert.

Oudiste accompli, chanteur à la voix douce et violoniste de formation classique, Dalal peut improviser avec une étonnante fluidité. Cela sert parfaitement une musique qui respire au rythme des grands espaces ou instaure des ambiances de profonde intimité propres à la prière, comme c'est le cas dans *Prayer for Peace*, une pièce *a capella* empreinte de douceur et de dévotion qui est interprétée, avec toute la sobriété nécessaire, par la chanteuse persane Maureen Nehedar, l'une des nombreuses invitées de Dalal. Le chant permet d'introduire un maqâm qui tire son origine des poèmes persans et irakiens, de même que d'un style complètement original qui chevauche ces deux traditions voisines. Des toutes premières notes de l'oud jusqu'à la pièce plus conviviale qui clôt le disque, on sent la douleur du nomade à la voix plaintive qui recherche la paix extérieure et la beauté intérieure de celle qu'il aime.

Unique en son genre, le groupe israélien Bustan Abraham, composé de brillants instrumentistes de culture aussi bien juive qu'arabe, propose une musique innovatrice qui s'abreuve de plusieurs musiques du monde. *Hamsa* (Nada), leur cinquième disque, est le plus facile à trouver au Québec. Par ailleurs, il faut découvrir *Yiddish Songs* (Hemisphere) de Chava Alberstein, celle que l'on a surnommée là Joan Baez israélienne.

CHAUFFE
LA SCÈNE !

C'est connu, les disques enregistrés lors d'un concert ou d'un événement spécial dégagent une énergie particulièrement renversante. Les plus réussis transmettent l'atmosphère intense, joyeuse, chaude, folle et débridée qui régnait ce jour-là. L'auditeur, lui, ne peut qu'être séduit. Chauffe la scène ! Chauffe !

BOBAN MARKOVIĆ ORKESTAR

Live in Belgrade (2002)
Piranha/Fusion III, CD-PIR1685

L'image a quelque chose de surréaliste : chaque année, dans une petite ville de Serbie, ils sont trois cent mille à se rassembler dans les rues et dans les restaurants, sur les terrasses, pour entendre pendant trois jours et deux nuits des dizaines d'orchestres de cuivres rivaliser entre eux, parfois à quelques mètres de distance seulement. L'événement est une fête. Cette ambiance qu'on imagine sans peine survoltée et frénétique, on la retrouve au festival de Guča depuis 1961. Nulle part ailleurs au pays n'existe un tel rendez-vous où se perpétue dans le bruit et la fureur la grande tradition des fanfares propre aux Balkans.

Live in Belgrade capte l'énergie qui règne dans la ville pendant ces jours. Le trompettiste Boban Marković et son orchestre, gagnants à maintes reprises du concours qui clôture cette fête, s'en donnent à cœur joie. Onze musiciens, dont neuf jouent des cuivres, déploient une rare intensité. Exubérante, puissante, leur musique enfiévrée soulève la foule. La prestation virile, enregistrée avec une réverbération naturelle, laisse croire qu'on assiste au spectacle. On pense à ces cortèges déchaînés de musiciens tsiganes présents dans les films d'Emir Kusturica, par exemple dans *Undergroud*, auquel Marković a du reste participé.

Cette collaboration avec Kusturica n'est pas la seule que le trompettiste et son orchestre ont réalisée. Figure centrale du festival de Guča et digne représentant de la musique d'orchestre de cuivres tsigane, Marković entretient néanmoins des échanges avec des musiciens venant de divers horizons, comme Frank London et son Klezmer Brass Band. S'il demeure pour plusieurs un des leaders de la musique des Balkans (plusieurs groupes concurrents vont même jusqu'à reprendre ses pièces pendant la compétition), Marković est également tourné vers l'innovation et désire introduire dans sa musique des éléments de klezmer, de jazz, etc.

Hava naguila, classique de la musique juive, témoigne de cette ouverture. La pièce est reprise de manière originale, avec un tempo de plus en plus rapide. *Otpisani*, magnifique composition, fait entendre des cuivres énergiques aux couleurs des Balkans, avec une pointe de jazz moderne et un rythme presque funk. D'autres morceaux sont tout aussi vifs : trompettes et saxophone s'enfièvrent pendant que tuba et grosse caisse marquent le rythme dans *Mesečina* et dans *Ring, ring*. Enfin, des mélodies lentes et mélancoliques sont entonnées par des trompettes plus tristes que jamais dans *Zajdi, zajdi* et dans *Ederlezi*, popularisée par le film *Le temps des gitans*. À écouter le volume au maximum pour s'imprégner de cette atmosphère festive qui ne craint pas les émotions extrêmes.

L'orchestre de cuivres moldave Fanfare Ciocarlia a la réputation de réunir les souffleurs les plus rapides. Sur *Iag Baari* (Piranha), on trouve non seulement des pièces complètement éclatées, d'une virtuosité renversante, mais aussi des titres plus mélancoliques associés à la doina, sorte de blues roumain.

TAHA, KHALED, FAUDEL

1, 2, 3 Soleils (1999)
Barclay/Universal, 547 191-2

Rares sont les concerts qui sont à la fois un événement musical et un événement historique. Présenté en septembre 1998 sur la scène de Bercy, à Paris, *1, 2, 3 Soleils* est le plus important spectacle algérien à avoir été monté en France. Pendant plus de deux heures, trois monstres sacrés de la musique maghrébine chantent devant une foule enthousiaste qui ne ménage ni applaudissements, ni cris, ni youyous. À leur façon, le parcours des musiciens dit quelque chose de l'histoire algérienne et de l'immigration de ce peuple en France : Khaled, né à Oran en 1960, a quitté l'Algérie vers trente ans, au moment où les intégristes se faisaient de plus en plus menaçants ; Taha, né dans le golfe d'Oran en 1958, a émigré en France avec sa famille à l'âge de dix ans ; Faudel est né à Paris en 1978 de parents algériens.

Réunis sur scène, les trois artistes chantent leurs plus grands succès, seuls, en duo ou en trio. Chacun conserve son style mais, ensemble, ils proposent un spectacle d'une étonnante cohérence. Tradition et modernité s'entremêlent avec bonheur, comme le montre la composition de l'orchestre, dont le jeu est éblouissant, avec ses instruments classiques, traditionnels et modernes. Khaled, « le roi du raï », entonne *Didi*, première chanson arabe entrée dans le top 50 français en 1992. Il reprend aussi trois chansons gravées sur *N'ssi n'ssi* (Barclay, 1993), album qui allait lui apporter la consécration internationale. Parmi ces pièces, *Abdel Kader* est interprétée avec enthousiasme par le trio. Trois autres morceaux sont chantés seul par Khaled, le maître du raï, style qu'il a modernisé grâce à l'utilisation de la guitare électrique et du synthétiseur. Plus tard viendra *Aïcha*, initialement parue sur *Sahra*

(Barclay, 1996). Décriée par les puristes, la chanson cosignée par Jean-Jacques Goldman a le mérite d'avoir contribué au succès du raï auprès d'un large public, ce dont témoigne la foule rassemblée à Bercy et qui connaît par cœur les paroles de la chanson.

Faudel, « le prince du raï », fort d'un succès phénoménal grâce à son premier album intitulé *Baïda* (Mercury, 1997), se défend bien. Le jeune artiste prometteur, qui signait à dix-huit ans avec Mercury pour ses cinq prochains disques, forme de beaux duos et trios avec Khaled et Taha. Il interprète également deux de ses propres chansons : *Baïda* et *Tellement N'Brick*, chansons d'amour rendues avec beaucoup d'émotion.

Taha, « l'enfant terrible du raï », chante moins que Khaled mais, iconoclaste et extraverti, il stimule la foule tout au long du spectacle, plus que ne le font Khaled et Faudel, plus réservés. Chanteur de raï atypique, à la voix râpeuse, il s'insurge contre le racisme dans l'incendiaire *Voilà, voilà*, superbement interprétée avec Khaled et Faudel. Trois chansons sont tirées de *Diwan* (Barclay, 1998), album majeur de Taha qui pige dans le répertoire classique algérois et lui insuffle une nouvelle vie, hommage aux artistes les plus importants de la chanson arabe, où raï et châabi rencontrent rock et techno. Il s'agit de *Ida*, de *Bent Sahra* et de *Ya rayah*, reprise ici en trio dans une version explosive sur laquelle le spectacle se clôt.

The Best of the Early Years (Nascente) fait découvrir la musique du premier Khaled (âgé de quinze ans et nommé à cette époque « Cheb », c'est-à-dire « jeune »), et nous plonge dans l'Algérie des années 1970.

Avant d'entamer une carrière solo, Rachid Taha était membre de Carte de séjour, groupe punk-rock des années 1980. Sur la compilation *Carte blanche* (Barclay), on trouve quelques-uns des succès du groupe, dont *Douce France*, reprise punk-arabe de la chanson de Trenet visant à ridiculiser le Front National.

BEAUSOLEIL

Looking Back Tomorrow Beausoleil Live (2001)
Rhino/Warner, R2 76697

Vingt-cinq ans après sa fondation, le plus réputé des groupes cajuns revient sur les lieux du crime, au Barns of the Wolf à Vienna en Virginie, où il avait vécu son premier triomphe «américain», c'est-à-dire devant un public autre que louisianais ou français. Dirigé par le violoneux Michael Doucet, Beausoleil s'était fixé comme objectif de retracer et de rendre plus vivante que jamais la musique des grands-parents, celle qui est dénuée d'académisme et qui se joue autour de la table. L'exercice pouvait s'avérer plus périlleux qu'il n'y paraît aujourd'hui, puisque Doucet avait commencé sa carrière musicale dans le milieu du rock anglophone de La Nouvelle-Orléans et non dans le sud de la Louisiane. Le leader se rappelle même que, durant sa jeunesse, les gens n'employaient jamais le terme «cajun». Or, Beausoleil a contribué à faire resurgir une culture qui est maintenant considérée, à juste titre, comme partie très intégrante de la francophonie d'Amérique.

Nommé en l'honneur de Joseph Broussard dit Beausoleil, un héros de la résistance acadienne après le «Grand Dérangement» de 1755, le groupe opte dès le départ pour le caractère acoustique de la musique. Doucet et sa bande se mettent donc à écouter les enregistrements du musicologue Alan Lomax, puis apprennent directement des Anciens qui, tels Hector Duhon, Dennis McGee, les frères Balfa et Canray Fontenot, acceptent volontiers de léguer leurs trésors oubliés.

En dépit de sa volonté de respecter la tradition, Beausoleil osera souvent innover en établissant tout au long de son parcours des rencontres avec d'autres musiques du monde et en électrifiant à son tour ses compositions. Du jazz néo-orléanais au blues, en passant par le zydeco, les musiques antillaises et le surf, la formation s'appropriera plusieurs styles avec un bonheur qui ne se démentira jamais. Même si le groupe s'est recentré davantage vers des arrangements plus traditionnels ces dernières années, toutes les influences qui l'ont caractérisé demeurent très présentes, et *Looking Back Tomorrow Beausoleil Live* en constitue un bel exemple. Il s'agit donc du disque parfait pour s'initier aux maintes facettes du groupe. Les arrangements témoignent d'un parti pris pour l'acoustique avec une excellente section rythmique, et en intégrant toutefois un batteur et un percussionniste qui ponctuent l'environnement sonore de la basse, des violons et de l'accordéon.

Principalement interprété en français, le répertoire du disque renferme quelques perles qui remontent jusqu'au Moyen Âge, des compositions originales, des ballades mordantes, de la valse plus relaxante, des two-steps plus joyeux, un zydeco et des hommages bien sentis à quelques anciens, dont Amédé Ardoin et Varise Connor. Bien que très entraînante, voire carrément exubérante, la musique revêt souvent ce petit quelque chose de *bluesy*. Cela n'empêche pas le swing d'opérer, mais confère à la musique un caractère moins frénétique que certains reels nordiques. Qu'à cela ne tienne, les six musiciens de Beausoleil sont de formidables instrumentistes capables de faire lever les planches les plus récalcitrantes.

Les frères Balfa, qui figurent parmi les influences les plus importantes de Beausoleil, furent ressuscités par deux de leurs filles dans le groupe Balfa Toujours. Le disque *La Pointe* (Rounder) en témoigne.

D'un autre côté, Steve Riley, qui s'était impliqué dans le même type de démarche avec ses Mamou Playboys, a modifié sa trajectoire sur *Bayou Ruler* (Rounder) en injectant de la *slide* et des éléments de zydeco ou de swamp pop à ses two-steps et à ses valses.

BRATSCH

La vie, la mort, tout ça... (2002)
Niglo/Interdisc, NIG 801 010 SC 882

Jouer sans revendiquer de territoire, rêver d'une Europe de voyageurs et de musiciens itinérants... Assis autour d'une table, l'âme perdue au fond d'une bouteille, Bratsch fait le coup d'un double CD en spectacle une deuxième fois d'affilée. Toujours attiré par les étoiles, inspiré par l'exil, déchiré par l'amour et rallumé par la fête, le groupe français revient avec ses improvisations volcaniques, de nouvelles polyphonies, des compositions à profusion et des couleurs qu'on lui connaît depuis plus d'un quart de siècle. Rien de vraiment neuf au firmament, mais une œuvre tellement achevée qu'on ne saurait tenter d'y repérer à tout moment les germes d'une nouvelle direction. Groupe culte pour une poignée d'admirateurs qui retrouvaient chez lui un espace imaginaire ouvert à toutes les errances, ce qui n'était pas monnaie courante à l'époque, Bratsch a réussi à conserver son public des débuts, tout en évoluant vers un auditoire beaucoup plus large depuis l'engouement pour les musiques tsiganes au tournant des années 1990. Le groupe a ainsi ouvert la voie à tous les Urs Karpatz, Lo'Jo, L'Attirail, Les Pires et Paris Combo de l'Hexagone.

La Vie, la mort, tout ça... permet de constater le chemin parcouru. D'abord parce que les cinq musiciens ont approfondi leur connaissance des styles tsigane, manouche et klezmer, mais surtout parce qu'ils ont développé un langage original. Tous les musiciens du groupe jouent ensemble depuis plus de quinze ans. Cela leur procure une vision panoramique peu commune. Les traditions orales deviennent la source première d'une musique qui intègre également des éléments de chanson française, de be-bop et de free jazz. Le résultat ne relève d'aucune frontière particulière, ne brandit aucun drapeau précis. Jamais on ne sonne folklorique, et on assume une vitalité débordante et une virtuosité manifeste. À l'exception du chanteur Dan Gharibian qui joue de la guitare et du bouzouki, chaque musicien ne possède qu'un instrument de prédilection et travaille sur l'expressivité et le timbre, reproduisant même parfois, chacun à sa manière, des techniques propres à d'autres instruments. Par exemple, l'accordéoniste François Castiello s'inspire du trombone et du saxophone, le clarinettiste Nano Peylet se rapproche du jeu du doudouk arménien et Gharibian puise à partir du cymbalum hongrois. Bruno Girard, le violoniste, et Pierre Jacquet, le contrebassiste, ponctuent quant à eux leurs improvisations de toutes sortes d'ornementations plus ou moins jazz et blues. Cela permet d'atténuer une certaine retenue que plusieurs amateurs ont parfois trouvée aride dans leur musique.

Le disque évoque la vie et la mort, les deux facettes liées de façon impitoyable au parcours en clair-obscur du groupe. La tristesse annonce le bonheur. La chanson s'entrecoupe d'accents à la Django Reinhardt ou de pointes de free jazz. De lancinantes introductions précèdent des montées endiablées que les instrumentistes vivront à l'unisson ou en harmonie. On larmoie en yiddish et en arménien, on se rallume avec du swing roumain. On harmonise les voix en skat à la hongroise sur des paroles italiennes. Et, pour mieux revenir à l'essence, on termine dans une langue imaginaire.

Bratsch a même fait des petits au Québec puisque le groupe montréalais Manouche, qui a lancé en 2002 *Apprenti-Moustachu* (Indépendant), un premier disque plein d'énergie et de vitalité, s'est rassemblé autour d'un coup de foudre commun pour Bratsch. Cela a convaincu Manouche de la voie à suivre, celle d'une musique de création à partir des musiques nomades.

LES PAISIBLES

Cinq grands noms sont rassemblés ici. Sereins, ils sont en paix avec eux-mêmes et les autres, et cela s'entend. De leurs disques émane un sentiment de plénitude exceptionnelle. Voici donc cinq CD qui mettent du baume sur nos cœurs, et qu'on ne se lassera pas d'écouter encore et encore, avec un plaisir chaque fois renouvelé...

SUSANA BACA

Eco de sombras (2000)
Luaka Bop/EMI, 72438-48912-2-0

Ceux qui connaissent déjà la Péruvienne Susana Baca savent qu'il est difficile de ne retenir qu'un disque de la chanteuse. Seulement depuis 2000, trois de ses disques essentiels sont parus : outre *Eco de sombras*, il y a *Lamento Negro* (Tumi Music, 2001) et *Espíritu Vivo* (Luaka Bop, 2002). Sur *Lamento Negro*, Baca rend avec émotion un répertoire issu du folklore afro-péruvien et de la poésie latino-américaine. Ce répertoire qu'elle chérit va des chants folkloriques traditionnels aux poèmes réputés de Cesar Vallejo, Pablo Neruda ou Mario Benedetti. Sur *Espíritu Vivo*, album étonnamment lumineux enregistré à New York pendant la semaine des attentats contre le World Trade Center, elle chante toujours des pièces inspirées du folklore afro-péruvien, mais elle reprend aussi des titres de Caetano Veloso, de Jacques Prévert (*Les feuilles mortes*, chanté en français) et une chanson de Björk.

Chaque fois que Susana Baca chante, son interprétation est fine, tout en retenue, et sa voix, toujours douce et limpide. Nul hasard si la chanteuse se dit inspirée par Billie Holiday, Maria Callas et Édith Piaf : Baca possède plusieurs qualités attribuées à ces dames de la chanson. La même authenticité, la même élégance caractérisent son art. Il n'est pas étonnant que David Byrne, en écoutant Baca chanter *Maria Landó* au moment d'enregistrer une compilation intitulée *Soul of Black Peru* (disque qui allait faire connaître la chanteuse en dehors du pays), ait tenu à l'endisquer ensuite sur son étiquette Luaka Bop.

Sobre et dépouillé, pourvu de sonorités riches et profondes, *Eco de sombras* confirme l'immense talent de celle que l'on surnomme la «diva noire du Pérou». Fidèle à ses racines, l'ambassadrice de la culture afro-péruvienne, aussi fondatrice de l'Instituto Negrocontinuo dont le but est de préserver la tradition musicale et d'encourager les jeunes artistes, signe un disque engagé et personnel qui rappelle entre autres le triste passé des Noirs au Pérou. Sur le plan musical, toutefois, Baca ne se contente pas de reprendre les vieilles mélodies afro-péruviennes. Elle les tire de l'oubli, mais elle tient à les réinterpréter et à les réactualiser pour mieux les faire revivre. Ce mélange d'ancien et de nouveau, où la tradition se frotte à des sonorités plus modernes, est particulièrement réussi sur *Eco de sombras*. Aux congas et au cajón joués par les musiciens de Susana Baca se joignent les guitares électriques et les claviers d'artistes de la scène new-yorkaise, tels Marc Ribot, David Byrne, John Medski et Greg Cohen. Cette fusion, tout en douceur, reste harmonieuse, comme en témoignent *De los amores*, *Valentín*, *Poema* ou *Los amantes*. Résultat ? Un CD apaisant et, pour cette raison, précieux.

Le Pérou n'a pas produit que la musique des Andes. Pour découvrir la musique jouée par sa population noire vivant le long de la côte du Pacifique, et dont Susana Baca demeure la représentante la plus connue, on écoutera *The Rough Guide to Afro-Peru* (World Music Network). Colorée et rythmée, cette compilation réunit bon nombre d'artistes de talent, dont trois grandes dames de la chanson : Chabuca Granda, Eva Ayllón et Lucila Campos.

LOKUA KANZA

Toyebi té (2002)
Yewo/Universal, 016 651-2

Artiste complet, complice depuis des lustres des plus grands noms de la chanson africaine, compositeur et arrangeur sensible, producteur renommé, Lokua Kanza a créé des vagues bien avant la parution de son premier disque en 1993. Cet album éponyme lui a valu une reconnaissance internationale immédiate et le trophée du meilleur album africain aux African Music Awards. On a immédiatement vanté les vertus de cette musique minimaliste et de ce chant si fluide et si pur que certains l'ont même qualifié de «surnaturel». Depuis, trois disques ont suivi. Après avoir modifié son approche dépouillée, le chanteur multi-instrumentiste est revenu en 2002 avec *Toyebi té*, un disque magnifique qui, en dépit des cordes du Bulgarian Symphony Orchestra et de sa collaboration avec le rapeur Passi, semble marquer un retour aux sources. Car il s'agit bel et bien d'une simple apparence. Si Kanza retrouve la fluidité de ses débuts, il ne s'agit plus d'une musique minimaliste. Mais, peu importent les arrangements, on imagine l'artiste encore tout jeune, interprétant en famille des chansons folks autour de la table, quelque part en République démocratique du Congo. Le ton est à la confidence; les musiques et les bruits d'ambiance se font discrets. La voix, elle, s'élève toujours pour créer une atmosphère de proximité. En réalité, cette voix si limpide, qui rappelle parfois celle de Caetano Veloso, survole les chants et les traditions africaines tout en se fondant de façon magique aux polyphonies ondulantes et aux mélopées incantatoires, produisant ainsi une diversité de couleurs sonores fort originales. Après trois ans d'absence discographique, le chanteur n'insiste plus sur la batterie ou sur les boîtes à rythmes, préférant moins d'instruments, pour revisiter sa culture avec des ouvertures nouvelles. Si les synthés sont très présents, on ne les entend pas beaucoup. Par contre, le son de la rumba de Kinshasa ressort plus qu'auparavant mais, encore là, le rythme de base apparaît surtout comme un bruit de fond. Et la rumba de Lokua n'est pas celle des grands orchestres, mais plutôt une version intimiste, peu connue ici, et que l'on produit avec une bouteille. Cette rumba, le musicien la fait surtout passer dans son jeu à la guitare, bien que l'on sente davantage l'animation de la ville par un rythme accéléré du tambour. Les paroles sont simples: «Mbiffe/je t'aime! Des fois le bonheur. Il suffit d'une phrase, d'un mot.» Parfois répétitifs, les mots de l'auteur appellent une forme d'humanité bien nécessaire en cette période de massacres dévastateurs dans son pays d'origine. Cependant, si on le sent déchiré par la réalité de ses proches, jamais il ne l'évoque directement. Tout est dans la musique et dans ses chants. Tout s'ouvre ensuite vers des harmonies vocales universelles et métisses. Lokua Kanza, après tout, n'est-il pas métis lui-même, étant né d'une mère rwandaise et d'un père congolais? Et, en somme, seule compte cette atmosphère de paix et de sérénité.

Ray Lema est reconnu comme l'un des compositeurs africains les plus inventifs. Premier à avoir donné une guitare à Lokua Kanza et à l'avoir engagé à son arrivée à Paris, il a collaboré à l'Ensemble des voix bulgares Pirin du professeur Stefanof et s'est inspiré des musiques des Tyour Gnaouas d'Essaouira au Maroc. Sur *The Dream of The Gazelle* (Erato), il joue avec l'Orchestre de chambre suédois de Sundvall.

BAABA MAAL

Missing You (2001)
Palm Pictures/Outside, PALMCD 2067-2

L'ambassadeur toucouleur des Peuls vivant sur les rives du fleuve Sénégal est rentré au village. Dakar, Paris, Londres ou New York ne lui plaisaient plus ? Chose certaine, le village lui manquait, comme le suggère le titre de l'album : *Missing You*. Par la même occasion, il a troqué ses boîtes à son électronique contre des instruments de chez lui : guitare, kora, balafon, etc. Il a aussi retrouvé des chœurs de femmes et d'hommes qui parlent le pulaar plutôt que l'anglais. Banal retour aux sources, un brin nostalgique, alors ? Ce serait perdre de vue l'immense talent du chanteur et du musicien qui nous occupe, ce Baaba Maal que d'aucuns mettent sur le même pied que les plus grands d'Afrique, à savoir Youssou N'Dour et Salif Keita. Ce serait également mésestimer la créativité de celui qui alterne depuis un moment déjà entre disque pop et électrique, tel ce beau *Nomad Soul* (Palm Pictures, 1998), et disque acoustique, dont le superbe *Djaam Leelii* (réédition Palm Pictures, 1998) en est un exemple probant.

Sur *Missing You*, la voix haut perchée du chanteur n'a jamais autant porté ; en même temps, celle-ci est recueillie et paisible. Une force tranquille émane d'elle quand Baaba Maal évoque la paix et l'amour, mais aussi lorsqu'il prône l'unification de l'Afrique et la nécessité de redonner à ce continent qui a tant offert. Les musiciens qui accompagnent le chanteur livrent également un jeu brillant. Aux côtés de Baaba Maal, on trouve son complice et ami de toujours : le griot, chanteur et guitariste Mansour Seck, avec qui Maal a fondé son groupe Daande Lenöl (la voix du peuple) dans les années 1980, et avec qui il a parcouru la région au tout début de sa carrière pour recevoir l'enseignement des anciens. L'artiste est de plus entouré de Kante Manfila à la guitare, de Kaouding Cissokho à la kora, de Lansine Kouyate au balafon, et d'autres excellents musiciens.

Enregistré dans un studio mobile dans le petit village de Nbunk, *Missing You* fait entendre les cris des enfants qui jouent, les chants du coq et des grillons à la tombée de la nuit. Avec la voix et le jeu sincère des musiciens, la prise de son contribue au caractère intimiste et authentique du disque. Règne une atmosphère de nuit magique, de paix tranquille et sereine, pour ainsi dire tangible. Aussi, quand entrent en scène les accords de guitare, la musique céleste de la kora, le son boisé du balafon puis la voix magistrale de Baaba Maal, nous savons d'instinct que nous allons assister à quelque chose de grand et de beau. « Maman Africa, je connais tes peines, je ferai tout pour sécher tes larmes », chante Baaba Maal dans *Yoolelle maman*, d'une voix qui s'élève haut et fort. « Peuple noir chantons l'unité africaine » est interprété en chœur dans *Miyaabele*, avec balafon et kora en accompagnement. Vagues, grillons et guitare introduisent une chanson d'amour évoquant deux corps réunis au bord de l'océan sur *Jamma jenngii*. Enfin, comme le dit la pièce éponyme de l'album : « Le bou-el remonte le fleuve Sénégal et m'emmène loin de Podor/Où que tu sois mon âme, mon esprit et mon cœur seront/Toujours à toi. » De cela, tout le disque en témoigne.

LES PAISIBLES

Avec Baaba Maal et Youssou N'Dour, Ismaël Lo est l'un des chanteurs les plus influents du Sénégal. Sur *The Balladeer* (Wrasse Records), on trouve les plus grandes chansons de celui qu'on a nommé le « Bob Dylan africain ».

SALIF KEITA

Moffou (2002)
Verve/Universal, 4400169062

Après des années d'essais et de tâtonnements, voire d'égarements discographiques, celui qui a transporté le chant mandingue malien de sa voix impériale, celui que l'on a souvent qualifié de «voix d'or de l'Afrique» est enfin de retour à Bamako et retrouve sa place parmi les plus grands du continent africain. On ne l'avait pas attendu là, lui, l'albinos à la mauvaise vue, lui, le non-griot, lui, le descendant direct de l'empereur Soundiata. On ne l'attendait pas et pourtant c'est lui qui avait annoncé la vague malienne, plus d'une décennie avant son avènement. Et, lorsque ladite vague est arrivée, lorsque quelques-uns de ses protégés, comme la chanteuse Rokia Traoré, sont apparus sur la scène internationale, il cherchait visiblement une voie pour se relancer lui-même. Des albums tels *Sosie* (MS, 2001), qu'il avait réalisé en hommage à la chanson française, ou *Papa* (Metro Blue, 1999), qui sentait trop le formatage radio, sous la direction du guitariste Vernon Read, avaient laissé le prince mandingue à l'extérieur des circuits internationaux du renouveau de la musique malienne. Sa voie, Salif l'a trouvée en s'impliquant à Bamako, en mettant son expérience au service de jeunes musiciens et en ouvrant un studio de production et un complexe culturel qui porte d'ailleurs le nom de Moffou, tout comme le disque et une petite flûte paysanne dont l'origine se perd dans la nuit des temps. Le titre, ainsi que la démarche, revêt un caractère symbolique. On le sent, le créateur se fera l'apôtre d'une musique africaine conçue en Afrique et non en Europe.

De plus, et pour la première fois depuis longtemps, Salif sort une œuvre qui met en valeur sa principale force: une puissance émotionnelle bouleversante, comparable aux plus grands de la planète. La voix est céleste, puissante et plus claire qu'auparavant. Toutefois, dans ce cas-ci, l'expressivité devient plus retenue, plus sereine. Le chanteur manifeste moins d'exubérance, mais démontre autant d'abandon et plus d'optimisme que jamais dans un disque aux ambiances beaucoup plus calmes. On remarque également un message porteur d'espoir pour un continent qui ne doit pas se laisser dominer par la violence ou la détresse, qui peut se relever. Le disque, réalisé par Kante Manfila, le célèbre guitariste avec qui Salif a vécu les belles heures du groupe Les Ambassadeurs avant d'immigrer en France, cède toute la place aux instruments acoustiques, qu'ils soient traditionnels ou pas. À cause de cela, on a parlé d'un retour aux sources de la tradition mandingue avec une musique souvent plus dépouillée, dénuée d'électronique et plus éloignée de la vie urbaine à l'occidentale. Sans doute pour ne pas se perdre, pour se donner une essence nouvelle, d'autant plus que les arrangements, très bien fignolés, présentent des mélanges inédits avec des instruments qui, comme les marimbas, les tambours métalliques ou l'accordéon, ne sont pas l'apanage de la culture mandingue. Tout au long du parcours, de douces ballades alternent avec des rythmes endiablés animés par les fameux chœurs féminins et quelques invités spéciaux, dont le percussionniste Minu Cinelu et Cesaria Evora, avec qui Salif ouvre un disque qui marquera sûrement l'un des points culminants d'un extraordinaire destin. Il s'agit là de l'un des plus beaux retours discographiques de 2002.

LES PAISIBLES

ROKIA TRAORÉ

Wanita (2000)
Indigo/Festival, LBLC 2574

Telle cette fine toile de coton tamisant la lumière crue de l'extérieur à l'endos de la pochette de *Wanita*, la voix de Rokia Traoré filtre les éclats et n'est que pure douceur. Au contraire des griottes de son pays, la jeune Malienne délaisse les envolées spectaculaires et privilégie plutôt les harmonies douces, feutrées, délicates. Ces dernières sont finement travaillées et ornementées ; elles sont présentées avec un grand raffinement. Le ton intimiste de la chanteuse est celui de la confidence livrée sans esbroufe. En cela, Rokia Traoré se distingue déjà.

Autres éléments qui font la marque de la jeune musicienne âgée de seulement vingt-six ans à la parution de *Wanita*, son deuxième disque après *Mouneïssa* (Indigo, 1998). La façon dont Traoré interprète la musique malienne et propose des arrangements inédits, en mêlant notamment des instruments comme le balafon et le n'goni, rarement réunis. Également la façon dont elle ose ajouter la basse électrique, bien subtilement, aux instruments traditionnels. Ce n'est pas un hasard si Ali Farka Touré a fait d'elle sa protégée, s'est intéressé à sa carrière très tôt et a produit son premier disque. Ce n'est pas un hasard non plus si Boubacar Traoré se retrouve sur ce disque. Pas un hasard si l'excellent Toumani Diabaté se retrouve à la kora. Rokia Traoré est inventive, originale ; elle est l'une des jeunes artistes du Mali qu'il faut suivre avec attention.

Sans prêchi-prêcha, la jeune chanteuse aborde avec une grande bonté et une sagesse étonnante des thèmes liés à la condition humaine, dans des textes poétiques pourtant bien ancrés dans le réel et le quotidien. Elle y prône les valeurs de la solidarité et du partage (*Souba*), de l'amitié, de la dignité et de l'humilité (*Yaafa n'ma*). Elle y chante la philosophie et la grandeur des anciens (*Wanita*). Mais, de la même manière que la musique de Traoré mêle tradition et nouveauté et ouvre sur des plans inédits, son propos ne se conforme pas en tous points à la tradition. En effet, des pièces telles que *Mouso niyalén* et *Mancipera* rendent gloire à la femme ou remettent en question le rôle traditionnel de la femme africaine, le mariage et la polygamie. C'est donc sous de multiples aspects que Rokia Traoré est une artiste unique.

En bamanan, sa langue maternelle, elle chante le plus souvent accompagnée d'un chœur qu'elle forme avec Coco Mbassi. Dans *Wanita*, pièce éponyme et l'une des plus belles du disque, elle chante seule, secondée très discrètement par la kora de Toumani Diabaté. Dans *Souba*, autre magnifique morceau, Traoré et Mbassi se répondent, accompagnés cette fois seulement par le n'goni bâ (guitare tétracorde) de Andra Kouyaté. La plupart du temps, les arrangements sont, comme ici, recherchés et minimalistes. Plus complexe, *Mancipera* est chantée par Rokia et Boubacar Traoré, au son de la basse, de la guitare, du n'goni et des percussions.

LES PAISIBLES

EN SIROTANT UN PORTO

Avec le porto s'impose d'emblée la musique portugaise. Selon l'humeur et le nombre de personnes qui partagent la bouteille du divin liquide rouge velours ou ambré, plusieurs choix sont possibles : un fado beau et triste, tragique ou plus léger, sous sa forme la plus pure ou la moins traditionnelle, chanté par un homme ou par une femme...

MÍSIA

Ritual (2002)
Erato/Warner, 8573-85818-2

Depuis la mort de la grande Amália Rodrigues en 1999, le fado portugais connaît un regain de vie. Avec Dulce Pontes, Cristina Branco, Mariza, Amélia Muge et quelques autres, Mísia porte bien haut le flambeau d'une nouvelle génération qui, depuis une décennie, contribue à redonner au genre des lettres de noblesse ternies depuis la chute de la dictature, il y a un plus d'un quart de siècle. Pour l'amateur non averti, il s'avère difficile de déceler des différences significatives entre les interprètes. Tout est affaire de subtilité. La voix de Mísia est un peu plus rocailleuse, Mariza révèle des influences jazz, Branco est moins tragique, Muge propose un fado plus mondialisant alors que Pontes vient du rock.

Au départ, on a décrit Mísia comme étant trop belle pour exprimer la douleur tranchante du fado, trop maniérée pour se livrer à l'abandon tragique. Du côté maternel, l'interprète est issue d'une famille d'artistes catalans. À cause de cela, elle déménagera de Porto à Lisbonne à l'adolescence. Avant même ses débuts, elle comprendra ainsi le fado d'un angle extérieur. Mais sa capacité d'émouvoir et de transmettre malgré tout la passion ou la souffrance ont vite émergé, et Mísia a fini par s'imposer. On parle maintenant de l'une des incarnations les plus intenses du fado depuis Amália Rodrigues.

Son art emprunte à la fois à la forme la plus pure et la plus universelle du fado. Ses chansons transmettent les mots des poètes portugais contemporains les plus marquants et certains d'entre eux, tels que Lídia Joge, Agustina Bessa Luis ou José Saramago, le Prix Nobel de littérature, ont écrit pour elle. En 1995, *Tanto menos, tanto mais* (Ariola), son troisième album, recevra le Grand prix du disque de l'Académie Charles-Cros, récompense dans le milieu musical de la francophonie, et la propulsera vers une carrière internationale. *Garras dos sentidos* (Detour Erato, 1998), le disque suivant, lui procure la consécration au Portugal. Puis la chanteuse prendra quelque distance avec la formule traditionnelle en ajoutant sur *Paixoes diagonais* (Detour Erato, 1999) piano, accordéon et quartette à cordes.

Ritual propose un véritable retour à l'essence du fado et à l'accompagnement traditionnel avec les trois instruments typiques : la guitare portugaise, la viole de fado et la basse acoustique. La majorité des pièces furent enregistrées en une seule prise, sans retouches. On a même travaillé avec des micros à lampe comme il y a un demi-siècle. La direction musicale est assurée par Carlos Gonçalves, qui fut le compositeur et musicien de la dernière période d'Amália. C'est d'ailleurs lui qui joue la guitare portugaise, une façon de donner son aval à la démarche conceptuelle de Mísia. Sur le disque, elle revient à la source en interprétant *Lágrima* qu'avait popularisée sa mère spirituelle, et elle chante ainsi la perte de la grande dame. Elle déconstruit aussi la tradition en posant un nouveau texte sur une vieille musique de son idole. Tout cela reflète parfaitement *Ritual*. C'est le disque de la romance et de la poésie sans concession, de l'abandon sans artifice, de l'émotion pure sans voltige technique, rien que de l'intensité, jusqu'à la fureur du désespoir.

Cristina Branco revendique aussi fièrement son appartenance à la tradition du fado. Sur *Corpo iluminado* (Emarcy), elle chante, avec sa voix souple qui sillonne un vaste registre émotionnel, plusieurs jeunes poètes lusitaniens, dont quelques femmes. Tout comme pour Mísia, d'anciens musiciens d'Amália Rodrigues l'accompagnent.

EN SIROTANT UN PORTO

MARIZA

Fado Curvo (2003)
Times Square/Koch, TSQ-CD-9033

Avec son physique de star, ses cheveux courts décolorés ou bleutés, son corps sculptural, ses allures de danseuse de ballet, Mariza ne semblait pas destinée à remplacer Amália Rodrigues, la reine immortelle du fado, celle qui s'impose encore comme un fantôme écrasant pour toute débutante. C'est pourtant sur Mariza que tous les regards sont tournés, dans tous les sens du terme, depuis son passage au Québec en 2002. Au Portugal, aucune véritable fadiste n'avait réussi à s'imposer aussi rapidement. *Fado em Mim* (Times Square, 2002), son premier disque, a obtenu des ventes records qui ne sont pas sans rappeler une certaine Amália… Et les honneurs s'accumulent à un rythme surprenant. Mariza fut proclamée «plus belle voix du fado» par la prestigieuse Central FM au Portugal, en plus d'être sacrée par la BBC meilleure artiste européenne 2003 en musiques du monde.

Que peut-elle bien avoir de plus que Mísia ou Cristina Branco? Non seulement la voix est-elle plus puissante, reconnaissent plusieurs aficionados, mais la force émotionnelle est telle que l'artiste parvient, en moins de deux, à ébranler son auditoire, comme un coup de tonnerre. Tout le corps s'implique et véhicule une poésie que Mariza choisit autant parmi les classiques que parmi les auteurs contemporains. Très physique, son art tranche avec celui de ses pairs. Dramatique sans être maniérée à l'excès, le corps toujours bien en vie et souvent en mouvement, Mariza s'élève avec un sens du tonus et une voix forte, claire et pure. On l'imaginerait aussi bien dans un bar enfumé du vieux Lisbonne qu'à l'opéra. On la sent à la fois proche et touchante, charismatique et grandiose. Si ce n'était de la langue ou du style, on pourrait facilement se retrouver devant une Édith Piaf, une Billie Holiday ou une Mercedes Sosa. Et elle n'a même pas ses trente printemps!

Fado Curvo ne s'éloigne jamais des ombres ou des mystères qui couvrent de brume les traits opposés de la vie, telle la douleur la plus dévorante et la joie la plus vive ou le mal-être de l'existence et l'ivresse de l'amour. L'interprète se permet également de transgresser la tradition en puisant parfois dans la région de Coimbra, qui cache normalement un répertoire réservé aux hommes.

L'album ne renferme que des fados, et beaucoup plus de pièces originales que le premier. Une seule pièce, *Primavera,* jadis popularisée par Amália, est reprise ici, comparativement à cinq sur *Fado em Mim*. Très respectueuse du genre qu'elle affectionne et accompagnée des trois guitares typiques, Mariza n'en trace pas moins de nouveaux sentiers en s'insérant au sein d'un univers plus classique avec piano et violoncelle dans *Retrato* ou en se fondant dans une atmosphère ponctuée de jazz planant à la limite de la contemplation dans *O deserto*. Certaines pièces sont plus lancinantes, d'autres plus joyeuses, et l'une d'entre elles, *Feira de Castro,* presque folklorique. Peu importe l'ambiance, Mariza dégage une force puissante, d'une beauté apaisante.

Portugaise née au Mozambique tout comme Mariza, la chanteuse Amélia Muge a choisi un destin bien différent de celui de sa collègue en traçant les contours d'une musique qui, si elle s'inspire aussi des traditions, vogue vers des avenues beaucoup plus exploratoires. Mais, sur *A Monte* (Tropical Music), elle se rapproche quelque peu du fado, même si la présence de métissages contemporains, du chant classique ou des couleurs à la Laurie Anderson se fait sentir sans équivoque.

BÉVINDA

Alegria (2002)
Cœur de Lion/Sélect, CDLCD-2036

Élevée en Bourgogne au son de Brel, de Brassens et de Barbara, Bévinda Ferreire n'a pas exactement le profil habituel de la chanteuse de fado portugais. Ce qu'elle chante n'épouse pas non plus les formes du fado traditionnel. Née à Fundão, au pied de la Serra da Estrêla, au nord-est du Portugal, elle a passé toute son enfance en région française et habite Paris depuis près de vingt ans. Aujourd'hui, elle se sent complètement parisienne, elle vante les charmes du vingtième arrondissement et elle parle des lectures qu'elle fait au Père-Lachaise. Pourtant, quand vient le temps de chanter, c'est vers le Portugal qu'elle se tourne. Sur *Chuva de anjos* (Cœur de lion, 1999), elle interprète bien quatre chansons en français, dont une avec Daniel Lavoie et une autre de Charles Trenet, mais ce sont des exceptions. Il y a longtemps que Bévinda chante en portugais, émue et transportée par cette langue et cette musique qui lui rappellent la berceuse que lui chantait autrefois sa grand-mère. *Fatum* (Cœur de lion, 1994) et *Terra e ar* (Cœur de lion, 1996), ses deux premiers disques, étaient déjà réalisés exclusivement dans cette langue.

Celle qui ne se sent pas autorisée à reprendre la tradition des grandes chanteuses de fado à cause de sa culture française renouvelle pourtant le genre à sa façon. Son fado de Paris, comme elle l'appelle, s'adresse à cette deuxième génération de Portugais établis à Paris. Au Portugal, bien que certains lui reprochent son accent français, on commence à s'intéresser à sa musique. Ce nouveau fado est près de la chanson française. En outre, il s'accommode fort bien des rythmes de la valse et des rythmes latins. Le fado urbain de Bévinda n'est pas âpre et désespéré ; il n'a pas la rudesse de la vie des marins portugais qui a inspiré ce style. En fait, la chanteuse aime dire qu'elle joue une musique personnalisée, qui s'inspire avant tout de sa vie, un fado avec des arrangements plus ouverts, plus larges, où interviennent des instruments qu'on n'associe pas d'ordinaire au genre.

Sur *Alegria*, on remarque plus particulièrement la guitare de Lucien Zerrad, qui signe la plupart des arrangements et la réalisation, l'accordéon de Patrick Fournier, le violoncelle de Jean-François Ott et la basse d'Eudes Gatibelza. Leur rencontre évoque parfois un petit ensemble de musique de chambre, comme dans *Senhor*, où les arrangements du violoncelle sont poignants. Ailleurs, dans *Annapurna*, l'accordéon donne au disque des airs de bal-musette. Partout, la voix de la chanteuse est plus aérienne et plus intimiste que jamais. Tantôt joyeux et allègre, tantôt mélancolique et triste, l'*Alegria* de Bévinda n'est pas que joie simple. Au contraire, cette joie peut être amère, ainsi que l'exprime Pessoa dans une citation reproduite à la fin du livret (rappelons que Bévinda a consacré un disque aux poèmes de l'écrivain portugais : *Pessoa em Pessoas* (Cœur de lion, 1998). Certaines pièces ont cette joie simple (*Malhada do judeu*), voire enfantine (*Oceano*), mais d'autres sont plus graves et parlent de tristesse, de blessure, de douleur, de solitude et de désespoir, comme *Ai se eu pudesse* et *Senhor*. La saudade, ce style portugais mélancolique, rattraperait-elle Bévinda au moment où elle prétendait s'en éloigner avec *Alegria* ?

EN SIROTANT UN PORTO

À partir de Montréal, Sao chante sur *Paixão de Fado/Passion Fado* (Les Disques Star) le fado en portugais et en français. Avec une voix précise et authentique, elle aborde les thèmes de la solitude et de l'amour perdu. Triste et nostalgique.

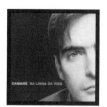

CAMANÉ

Na linha da vida (1998)
EMI/Virgin, 7243 4 93832 2 7

Les nombreux noms de chanteuses de fado que l'on retrouve depuis quelque temps sur la scène musicale portugaise, sans parler d'Amália Rodrigues qui continue, d'outre-tombe, à inspirer les jeunes artistes, pourraient laisser croire que le fado est affaire de femmes. D'aucuns le pensent très sérieusement, du reste. Pourtant, il est un nom qui infirme d'emblée cette idée : Camané, jeune chanteur de talent qui se réclame de Carlos de Carmo, mais aussi d'Amália Rodrigues, et que des chanteuses telles que Cristina Branco et Katia Guerreiro reconnaissent comme leur égal.

Si, de l'avis des Portugais, Camané est au Portugal l'un des plus grands chanteurs de fado contemporain, il est peu connu à l'extérieur de son pays. Il fait partie de cette génération d'artistes qui reprend et renouvelle cet art depuis le tournant des années 1990. Un réel engouement renaît en effet autour de cette musique qui fut boudée après la chute de la dictature dans les années 1970. Camané, au milieu de ces chanteuses de talent, compte parmi les figures les plus significatives du fado d'aujourd'hui.

Sobre, sans maniérisme et dénuée de théâtralité excessive, l'interprétation de Camané s'impose avec simplicité sur chacun de ses disques. Il en est ainsi sur *Uma Noite de fados* (EMI, 1995), premier disque du chanteur enregistré devant public, sur *Esta Coisa da Alma* (EMI, 2000) et sur *Pelo dia dentro* (EMI, 2001). *Na linha da vida* n'échappe pas à la règle : les treize pièces du disque sont toutes rendues avec émotion et avec une certaine retenue. Accompagné par la guitare portugaise de Custodio Castelo (musicien de Cristina Branco, dont il est le mari, et de

Mariza), la guitare de Jorge Fernando et la contrebasse de Carlos Bica, jazzman portugais réputé, Camané chante de sa voix douce et chaude, non dénuée d'effets modérés et maîtrisés.

Parmi les fados chantés par Camané, retenons *Senhora do livramento*, où il se lance seul, sans accompagnement, dans une vibrante prière pour être délivré de ses tourments. Mentionnons par ailleurs *Eu não me entendo* et *Guitarra, guitarra*, deux pièces où la guitare portugaise tient un rôle de premier plan. Le fado *Não sei* retient aussi l'attention. Mais l'un des plus beaux moments de grâce du CD demeure la pièce *Sopram ventos adversos*, un morceau original et complexe, plus long que les autres, marqué à la fin par le jeu de la contrebasse et empreint de cette saudade typiquement portugaise.

EN SIROTANT UN PORTO

Encore enfant, Camané découvre les grandes voix du fado à la suite d'une maladie. Amália Rodrigues est bien évidemment du nombre. On la retrouve sur *Portugal : Music from the Edge of Europe* (Hemisphere), aux côtés du réputé guitariste Carlos Paredes, des membres des groupes Madredeus et Ala dos Namorados. Un disque lyrique et éthéré.

LA ROUTE DE LA SOIE

Sur les pas de Marco Polo, voyage au cœur de l'Asie d'après un itinéraire qui emprunte la fameuse route de la soie et propose une remontée jusqu'à la source des musiques traditionnelles de l'Afghanistan, de l'Iran, du Tadjikistan, du Tibet, de la Chine et d'au-delà...

ARTISTES DIVERS

The Silk Road : A Musical Caravan (2002)
Smithsonian Folkways/Koch, SFW CD 40438

Presque trois décennies après que Ravi Shankar et Yehudi Menuhin eurent révolutionné le monde de la musique classique avec leur projet de fusion *West Meets East*, voici que le réputé violoncelliste Yo-Yo Ma signe l'un de ses plus ambitieux projets. Il tente de retracer musicalement la route de la soie, comme si Marco Polo repassait par là équipé d'un magnétophone ou d'un studio mobile. L'initiative date de 1998 et poursuit l'objectif de permettre des échanges culturels entre les musiciens de tous les pays concernés. À la suite de la parution du disque *The Silk Road*, il a réuni des musiciens aux provenances et aux styles différents, avec qui il a formé un groupe de tournée. Ces artistes suivent une route de la soie qui emprunte la voie du nord. L'intérêt est qu'ils nous entraînent dans un monde presque insolite pour nous il y a à peine dix ans. Comme un voyage dans l'impénétrable, à la recherche du mystérieux, du caché, du voilé… Le parcours débute en Chine, longe les routes de l'Afghanistan, de l'Iran, du Kazakhstan, de la Mongolie, du Tadjikistan et s'achève aux abords de la Méditerranée. Au programme, très peu de musiques « pures », mais plutôt le reflet de métissages entre cultures voisines. Yo-Yo Ma ne s'est pas seulement contenté de choisir les pièces ; il joue sur chacune d'entre elles, soit à titre de soliste ou d'accompagnateur, en utilisant le violoncelle ou le violon traditionnel mongol. La majorité des pièces furent enregistrées sur place et n'avaient jamais fait l'objet d'un projet commercial auparavant.

Bien qu'une bonne partie du répertoire soit parfaitement accessible après quelques écoutes, nous recommandons le disque à un auditoire averti. *The Rough Guide to the Music of the Himalayas,* dont on parle plus loin, pourrait s'avérer une meilleure introduction aux musiques asiatiques pour le profane. Mais qu'importe, *The Silk Road* se révèle une fascinante compilation créatrice, diversifiée au possible et divisée en deux parties très distinctes, correspondant à chacun des disques inclus dans la collection. Le premier relate la virtuosité des grands maîtres associés aux musiques de cours ou aux répertoires classiques. On pénètre donc l'univers des musiques fluides ou arides, c'est selon ; des inflexions délicates, des ornementations subtiles, des timbres insolites, de la tristesse infinie, des chants harmoniques ou de l'expressivité à l'extrême. Une porte s'ouvre ici pour de fabuleux instrumentistes souvent méconnus en Occident. Nommons-en quelques-uns : la joueuse de dombra du Kazakhstan Aygul Ulkenbaeva et le joueur japonais de flûte shakuhachi Kojiro Umezaki, qui a d'ailleurs enregistré à Montréal. Le deuxième disque nous projette dans les traditions des bardes nomades qui se promènent çà et là avec leurs chants d'amour, leur poésie lyrique, leurs instruments à cordes, leurs guimbardes galopantes et leurs chants épiques. On accorde également une place importante à la fête et aux musiciens amateurs, mais néanmoins virtuoses. Enfin, le panorama musical de cette région du monde ne serait pas complet sans une touche de spiritualité et, encore ici, on ne s'est pas contenté de trouver un seul style puisque la poésie mystique soufie côtoie admirablement différentes formes de musiques inspirées du chamanisme ainsi que des jeux de voix très hachurés pour terminer ce voyage ensorcelant et troublant.

Considérée comme la plus grande chanteuse contemporaine de l'Ouzbékistan, Munadjat Yulchieva a créé, avec l'ensemble Shavkat Mirzaev, *A Haunting Voice* (World Network), un disque qui propose une musique de dévotion proche de la tradition soufie.

Puis, à Montréal, Liu Fang, la virtuose chinoise du luth pipa, se livre dans *Musique arabe et chinoise* (Philmultic) à une fantastique rencontre avec l'oudiste syrien Farhan Sabbagh.

ARTISTES DIVERS

The Rough Guide to the Music of the Himalayas (2002)
World Music Network/Fusion 111, RGNET 1105 CD

Ce disque, que l'on peut placer à côté du splendide *The Silk Road* paru chez Smithsonian Folkways, retrace une route de plus en plus parcourue, celle d'un monde qui, de l'Inde du Nord au Tibet, du Népal au Bhoutan, se révèle au compte-gouttes, mais qui cache une richesse culturelle insoupçonnée, celle du toit du monde. Contrairement à *The Silk Road*, cette édition des *Rough Guide* reprend plusieurs pièces déjà parues sous des étiquettes occidentales. Les découvertes y sont donc moins nombreuses et l'enchaînement des titres relève parfois d'un collage douteux. Toutefois, indépendamment de la suite proposée, les musiques, souvent inspirées des influences liturgiques ou classiques, hindouistes, musulmanes ou bouddhistes, sont généralement très bien choisies. On conseille ainsi cette production à ceux et celles qui cherchent une introduction en la matière. Le disque débute avec le guitariste Steve Tibbetts qui accompagne Choying Drolma, une chanteuse à la voix étrange et sans grande portée, quoique capable d'intonations très complexes. Puis on enchaîne avec une pièce très impressionniste du Cachemire, interprétée avec douceur, finesse et magie par trois virtuoses : Shivkumar Sharma au santour, Brijbhushan Kabra à la guitare *slide* et Hariprasad Chaurasia à la flûte bansuri. Krishna Das & The Modern Light Music Brass Band produit ensuite une musique de rue au son d'un hautbois népalais assez strident, bien que plus doux que d'autres instruments orientaux de la même famille.

La suite nous étonnera tout autant dans la mesure où nous avons droit, contrairement à ce que nous avons l'habitude d'entendre dans ce genre de répertoire, non pas à des moines bouddhistes, mais aux sœurs du couvent Jangchub Choelling, qui chantent à l'unisson ce qui ressemble à une prière menant à l'extase dans un geste de libération spirituelle. On remarque la puissance d'un chœur presque monocorde qui utilise la répétition pour ponctuer sa musique. Le disque continue avec une autre sœur bouddhiste, dont la voix enregistrée en multipiste évolue dans un décor intimiste que lui construit discrètement Tibbetts. Suivent les moines du monastère de Drepung avec leurs chants de gorge qui figurent parmi les plus célèbres dans le genre et qui, dans une prière rythmée et méditative, défient le temps, la linéarité, voire la structure matérielle ; une véritable expérience de spiritualité en faveur de la paix universelle ! Ces moines précèdent une expérience électronique menée par Eraldo Bernocchi et Bill Laswell avec… d'autres moines tibétains, encadrés par des percussions exubérantes, et des notes déphasées. Puis une flûte de bambou nomade rappellera vaguement la tristesse des hauts plateaux des Andes avant que les hautbois stridents nous saisissent et qu'une découverte majeure surgisse : Jigme Drukpa, le plus important ambassadeur du Bhoutan, se livre à un chant patriotique si doux que l'on croirait entendre un chant d'amour. Drukpa précède des musiciens népalais que l'on imagine défiler au sein d'une procession. Le disque se termine au son des flûtes, d'abord celles du Bhoutan, livrées en duo, puis celle du souffleur chinois Guo Ye, accompagné par le percussionniste japonais Joji Hirota.

Le disque *One Sound* (Ellipsis Arts) permettra de connaître plusieurs facettes du chant bouddhiste des moines de pays comme le Tibet, la Chine, le Viêtnam, la Corée, le Sri Lanka et le Japon.

De son côté, l'ensemble Sheikh Abdul Aziz livre sur *Sufyana Musiqi* (New Samarkand records) toute la richesse de la musique méditative soufie du Cachemire, avec des chants à l'unisson et un climat doux, mais non dénué de rythme.

ENSEMBLE KABOUL

Nastaran (2001)
Arion/Pelléas, ARN64543

Dans un pays où on a interdit les oiseaux à la maison, puis les chants et finalement toute musique ; dans un pays où un quart de siècle de guerre et d'instabilité politique ont détruit la majorité des archives sonores nationales et forcé une quantité innombrable de musiciens à s'exiler, les travaux de l'Ensemble Kaboul s'avèrent d'une importance capitale. Pour l'instant, la formation semble être la seule connue qui œuvre à la recherche et à la préservation d'un patrimoine plusieurs fois millénaire. En plus de son propre répertoire, l'ensemble collabore avec d'autres artistes afghans, comme ce fut le cas au Festival des musiques imaginaires d'Aubervilliers en partageant la scène avec la grande chanteuse afghane Àfsaneh, qui a enregistré plus de cinq cents chansons avant d'être réduite au silence.

Fondé à Genève en 1995 dans un geste de résistance posé par Hossein Arman, un chanteur réputé en Afghanistan et forcé à l'exil, l'Ensemble Kaboul dresse un fantastique portrait musical des régions d'un pays déchiré certes, mais ô combien diversifié ; une véritable croisée des chemins où plusieurs cultures asiatiques cohabitent ou s'écorchent, c'est selon. Cette formation à géométrie variable est composée de Ustad Malang Nedjrabi, le maître des tambours zirbaghali, et de Khaled Arman, le fils d'Hossein, également compositeur de musique électro-acoustique mais qui, pour ce projet, refuse de se soumettre à quelque forme de concession occidentale que ce soit. Le flûtiste Osman Arman, le tabliste Yusuf Mahmood et Paul Grant, l'un des rares musiciens occidentaux à connaître les musiques afghanes à ce point, complètent l'ensemble.

La liste des noms de régions d'origine du répertoire est devenue, avec le renversement du régime des talibans, beaucoup plus familière à nos oreilles. De Mazar-i-Sharif dans le nord, le groupe retient des airs et des chants traditionnels des bardes tadjiks. À Harat, près de l'Iran, on a trouvé des compositions subtiles pour le luth rebab. À Djalālābād, les musiques de fêtes revêtent un caractère extatique, et les flûtistes ou les percussionnistes donnent libre cours à leur imagination débordante, alors qu'à Kaboul les effluves des ragas évoquent la musique classique de l'Inde du Nord. Des chants d'amour se cachent encore dans les environs de Kandahar. Tout cela, l'Ensemble Kaboul le livre brillamment. Les improvisations raffinées alternent ou se conjuguent avec les chants d'amour douloureux, les rythmes effrénés avec l'introspection, la douceur de vivre et même la joie. Le disque apportera de l'espoir à tous ceux qui croient aux vertus unificatrices de la musique. Comme quoi vingt-cinq ans de guerre n'auront pas réussi à détruire complètement une culture aussi vivante.

LA ROUTE DE LA SOIE

Les amateurs d'ethno techno trouveront sur *Kabul Workshop* (Night & Day) du groupe du même nom, une recherche originale à partir des traditions afghanes. Loin d'être le résultat d'un simple collage, la musique de cet atelier se compare avantageusement aux artistes de l'Asian Massive, comme Talvin Singh ou Nitin Sawhney.

GHAZAL

Moon Rise Over the Silk Road (1999)
Shanachie/Koch, 66024

À un ami qui lui aurait demandé avec quel musicien d'un autre pays il aimerait jouer, le joueur de kamantche iranien Kayhan Kalhor aurait répondu Shujaat Husain Khan, sitariste indien qu'il avait entendu en concert en novembre 1996. Peu de temps après naissait Ghazal, un duo exceptionnel auquel se joignait le joueur de tabla indien Swapan Chaudhuri. Trois excellents albums sont nés de cette belle rencontre: il s'agit de *Lost Songs Of the Silk Road* (Shanachie, 1997), *As Night Falls On the Silk Road* (Shanachie, 1998) et *Moon Rise Over the Silk Road* (Shanachie, 1999). Tous portent le sous-titre *Persian and Indian Improvisations* et proposent l'entrecroisement des musiques perses et indiennes.

Pourquoi avoir opté pour le nom «Ghazal»? Le terme désigne, aussi bien dans la musique perse qu'indienne, une forme musicale où spiritualité et amour physique sont liés, et souligne par conséquent la parenté lointaine qui existe entre les deux musiques. Rappelons que l'Inde des Moghols, marquée par la forte influence culturelle de la Perse il y a plusieurs siècles, a gardé cette empreinte sur le plan musical. Jouant de ces similitudes, Kayhan Kalhor et Shujaat Husain Khan, fils et élève du grand Ustad Vilayat Khan, unissent leur talent et improvisent chacun sur leur instrument une musique qui rappelle à la fois l'Inde et la Perse.

Sur *Moon Rise Over the Silk Road* figurent deux longues pièces d'une vingtaine de minutes chacune, séparées par un morceau plus court intitulé *Pari Mahal*. À partir d'un motif de quelques notes, sitar et kamantche improvisent; ils se répondent, accompagnés bientôt par le tabla. Ornementation, variation et improvisation sont les mots-clés de cette musique méditative de virtuose. Tour à tour, les musiciens reprennent et développent la mélodie proposée. S'instaure un véritable dialogue où chacun garde sa propre spécificité tout en faisant corps avec l'autre.

Fire In My Heart, la plus longue des trois pièces et peut-être la plus remarquable, commence lentement, se déploie progressivement. Kalhor joue de son violon arabe, Khan lui emboîte le pas avec son sitar. Après environ six minutes, la voix calme et grave du sitariste accompagne les deux instruments qui poursuivent leur dialogue. Sept minutes trente plus tard, le tabla entre en scène, augmente le tempo de la pièce. Khan et Kalhor démontrent une grande virtuosité. Le rythme s'enhardit, puis se calme pour mieux revenir en force. Les cordes du kamantche perse s'enflamment, le sitar indien s'emporte lui aussi. L'ascension continue, la passion gagne du terrain, le feu s'intensifie. Puis, une minute avant la fin, le calme revient grâce à un rapide decrescendo. Les braises du feu diminuent avant de s'éteindre. L'expérience reste mémorable.

LA ROUTE DE LA SOIE

NACIONALIDAD : QUÉBÉCOIS

Ils sont nés ici, ils sont nés ailleurs. Ils partagent tous une même passion : la musique. Chacun nous la fait découvrir en jouant sur les scènes du Québec et en enregistrant ses disques ici. La renommée de plusieurs va grandissant et traverse même nos frontières. En tous sens, des échanges se font. Vive la musique libre !

LA BOTTINE SOURIANTE

Anthologie (2001)
Mille-Pattes/EMI, 6752 7 02041 2 2

Que de semelles usées pour ce groupe qui a marqué le dernier quart de siècle québécois comme nul autre n'a su le faire. Depuis la musique de cuisine et l'effervescence nationaliste des débuts jusqu'aux explorations mondialisantes de *X* (Mille-Pattes, 1998), La Bottine a parcouru un chemin rempli d'embûches pour finalement accéder à la reconnaissance dithyrambique de quelques-unes des revues *folk world* parmi les plus prestigieuses.

L'anthologie, qui couvre les dix premiers disques — *Cordial* (Mille-Pattes), le onzième paru en 2001 en étant exclu — et qui renferme dix-neuf titres, dont seize pièces originales et trois versions inédites, nous rappelle toutes les étapes d'un groupe qui a démarré joyeusement avec une musique recueillie dans les familles de Lanaudière et jouée de façon plus rudimentaire. Les Bottiniens ont dû par la suite s'adapter aux affres postréférendaires des années 1980 en développant le marché américain, en concevant un folk celtisant et des arrangements de plus en plus léchés. Puis surgira en 1988 une «Nouvelle Bottine» qui ajoute les cuivres et incorpore le gros swing et les effets latinisants. La musique traditionnelle québécoise sera dorénavant considérée sur le plan international comme une musique du monde, et nos joyeux lurons pourront envisager une exportation pleine et entière.

Cette reconnaissance n'est pas le fruit du hasard. Depuis 1976, vingt-trois musiciens de pointe y sont passés. À chaque changement de garde, La Bottine a toujours recruté des musiciens qui personnifiaient à merveille leur époque. Dès le départ, des «folkeux» tels que André Marchand ou Yves Lambert côtoyaient des porteurs de riches répertoires familiaux, comme Gilles Cantin ou Pierre Laporte.

Durant la période plus celtisante des années 1980, les musiciens Daniel Roy, Bernard Simard et Lisa Ornstein préfigureront la réalisation de quelques-uns des plus grands disques folks de l'histoire québécoise. Pensons, par exemple, à l'album *Le bruit court dans la ville* (Mille-Pattes, 1997), une œuvre d'une fluidité étonnante. Suivront le multi-instrumentiste Michel Bordeleau, le métronome humain aux pieds les plus célèbres du Québec, puis des musiciens de formation jazz ouverts aux musiques du monde. Cette équipe annoncera la prochaine étape de la musique traditionnelle québécoise, celle du trad, celle d'une nouvelle génération qui mélangera sa musique avec tout ce qui bouge. Le violoneux André Brunet, qui s'est joint à La Bottine en 1997, est l'un des meilleurs musiciens de cette génération.

Après une décennie de gros swing, la formation semble commencer à redécouvrir la vertu des instruments solistes, comme la guitare, le violon et l'accordéon, tout en ajoutant plus de percussions et d'influences internationales. Cette compilation parue en 2001 le reflète et met en évidence, deux ans avant les départs de Lambert et de Bordeleau, beaucoup plus que les cassures apparentes entre «ancienne» et «nouvelle» Bottine, le formidable fil conducteur qui a toujours permis de recoudre les semelles.

Le célèbre Bottinien Yves Lambert prend, avec *Les Vacances de Monsieur Lambert* (Mille-Pattes), une distance par rapport à son côté joyeux luron et son gros swing. Étonnamment, il accorde autant d'importance au verbe qu'au son.

Par ailleurs, pour une deuxième fois en six ans, les cinq Charbonniers de l'Enfer font, avec *Wô* (La Tribu), des pieds et des voix pour harmoniser le folklore québécois de façon singulière.

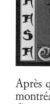

LHASA DE SELA

La Llorona (1997)
Audiogram/Sélect, ADCD 10101

Après que plus de mille artistes de la *world* montréalaise eurent offert des spectacles d'envergure, après tant d'années de labeur sans reconnaissance pour des dizaines de pionniers locaux, voici qu'une jeune artiste réussit à se hisser au-dessus de la mêlée, se classant dans les palmarès et s'élevant avec *La Llorona* au rang de chef de file d'une musique qui sera dorénavant considérée comme exportable. On a beaucoup insisté pour expliquer l'originalité et l'ouverture de Lhasa de Sela en rappelant quelques éléments singuliers de sa vie : née d'un père mexicain vivant aux États-Unis et d'une mère américaine ayant longtemps vécu au Mexique ; issue d'une famille d'artistes constituée d'un père professeur et écrivain, d'une mère d'abord actrice puis photographe, et de trois sœurs œuvrant aujourd'hui dans le monde du cirque. Élevée tantôt au Mexique, tantôt aux États-Unis, son éducation s'est faite à bord d'un autobus scolaire converti en véhicule motorisé familial. Le portrait, tracé et retracé, contient sans aucun doute sa part de vérité.

Mais, à ce portrait, il faut ajouter l'importance du hasard qui conduit Lhasa de Sela à Montréal en 1991 et parler de sa rencontre déterminante avec le musicien Yves Desrosiers. Alors âgée de moins de vingt ans, celle qui a suivi des cours de chant à San Francisco peu de temps auparavant s'associe à Desrosiers pour interpréter en premier lieu des pièces jazz des années 1930, puis un répertoire mexicain. Avec les années, le projet de *La Llorona* voit le jour. Ensemble, ils ont enregistré le disque de musiques du monde qui, encore à ce jour, connaît au Québec le plus grand succès, sans compter que sa popularité a même dépassé nos frontières et gagné l'Europe et les États-Unis.

À l'originalité et à l'ouverture de la chanteuse correspond aussi son éclectisme. « La diversité n'est pas une exception, confiera-t-elle, elle est la règle ! » Il n'est pas étonnant que Lhasa de Sela puisse se réclamer autant de Billie Holiday, de Chavela Vargas, de Maria Callas, de Camaron de la Isla, voire de Tom Waits, de Beck, de Radiohead ou de Jacques Brel. Aux rythmes mexicains des années 1930 et 1940 s'ajoutent donc sur *La Llorona* des accents plus modernes (pensons à cette ranchera *Por esome quedo* avec ses « aïe ! aïe ! aïe ! » et sa guitare à la Ry Cooder du *Paris Texas*), ainsi que des accents tsiganes et klezmer (comme le manifeste cette clarinette dans *La Celestina* et *El Payande*). Saluons au passage la richesse et la qualité des arrangements où l'on reconnaîtra la touche d'Yves Desrosiers.

Outre la créativité et l'excellence qui se dégagent sans mal de cette musique, impossible de passer sous silence la voix exceptionnelle de Lhasa de Sela : une voix grave et chaude, dramatique et passionnée, remplie d'émotion. L'énergie et la fougue qui caractérisent la chanteuse se ressentent dans les onze pièces du disque. De *De cara a la pared* à *El Árbol del olivo*, elle nous chavire et elle crée en nous la plus vive impression. Sa voix sensuelle, sa mélancolie conquièrent notre cœur. Son ton incendiaire, sa voix de pleureuse (cette Llorona de la mythologie aztèque) nous ensorcellent.

Sur *Lousnak* (Mille-Pattes), la Montréalaise d'origine arménienne qui donne son nom au disque signe une direction artistique visionnaire en faisant appel aux meilleurs musiciens *world* de la scène locale. L'une de ses chansons, *À l'amie*, s'adresse à Lhasa de Sela.

LILISON DI KINARA

Lilison Di Kinara
BAMBATULU

Bambatulu (1999)
Musicomptoir/Dep, MUS2-1119

Après la percée spectaculaire de Lhasa de Sela en 1997 avec *La Llorona* (Audiogram), Lilison Cordeiro a été le premier artiste *world* montréalais à attirer autant l'attention. Originaire de la Guinée-Bissau, le chanteur, percussionniste et guitariste est arrivé à Montréal en 1986. C'est donc dire que le musicien a roulé sa bosse durant près de quinze ans avant d'offrir, avec son groupe Lilison di Kinara, ce somptueux disque intitulé *Bambatulu*. Quinze ans pendant lesquels il a joué, accompagné de ses tambours, aux côtés de la plupart des musiciens brésiliens et de tous les autres artistes établis à Montréal, de Paulo Ramos à Boubacar Diabaté en passant par la troupe Tam Tam Danse.

Le groupe de Lilison di Kinara voit le jour en 1994 : il est formé par le percussionniste Daniel Bellegarde et les guitaristes Bruno Rouyère et Sylvain Deslandes. C'est finalement en 1999 que Lilison di Kinara a l'occasion de réaliser son disque avec l'aide de Michel Pagliaro. Enregistré dans le salon d'un ami, Bob Olivier, puis retouché avec soin chez Pagliaro, le disque possède un son naturel, authentique, *live*, qui convient parfaitement à la simplicité des arrangements et des mélodies acoustiques. La proximité du son est tout à fait indiquée pour un tel projet. Les percussions, la voix douce de Lilison et même l'harmonica (dans *Cilbissadus*) sont ainsi à leur meilleur.

Chanté en créole portugais, *Bambatulu* est dédié aux habitants de la Guinée-Bissau (colonie du Portugal jusqu'en 1974), à leur douleur «sur ce continent étouffé par la guerre et l'intolérance». *Bambatulu*, c'est le terme utilisé en Afrique de l'Ouest et en langue mandingue pour désigner le beurre de karité fabriqué par les femmes pour guérir les plaies. Ici, la musique du disque est ce remède qui «soulage la douleur», qui soigne «les plaies ouvertes de l'Afrique», qui guérit «le chagrin des exilés». Certaines pièces parlent de l'absence, certaines dénoncent la folie meurtrière, d'autres rendent hommage aux êtres aimés (parents, femmes, enfants). Partout, la voix douce du chanteur se fait caressante et réconfortante. Et les rythmes délicats et subtils, parfois aquatiques, produisent un effet intimiste semblable.

Celui qui fut membre en Afrique du groupe engagé et romantique N'Kassa Cobra, l'un des plus populaires du pays, n'a pas oublié ses racines musicales. Sur *Bambatulu*, il s'inspire des rythmes locaux que sont le gumbé, le kumboï, le kussundé, le tchim tchim, etc. À ces couleurs, il ajoute des références latines, notamment portugaises, comme cette guitare dans le très beau *Ansa djallo*. Le résultat est convaincant : des années plus tard, l'album tient toujours la route.

À l'épreuve des modes, *Nangapè* (Onzou), premier disque de musique africaine de l'histoire québécoise, a initialement paru en 1980. Vingt ans plus tard, sa réédition permet d'apprécier toute sa force tranquille. Les percussions (djembe, balafon, dounouba, tama et congas) de Yaya Diallo y règnent en maître et la flûte traversière de Sylvain Leroux se fait apaisante.

JESZCZE RAZ

Balagane (2002)
Audiogram, RDCD 10152

«Si, en attendant une solution miraculeuse, on m'avait endormi il y a trente-cinq ans à la suite d'une grave maladie, et qu'on m'avait réveillé à la sortie du disque, j'aurais ouvert les yeux, regardé le journal et dit au docteur : "Votre médication n'a pas fonctionné, car [le monde n'a] absolument [pas] changé"», racontait à propos de *Balagane* Paul Kunigis, le leader de Jeszcze Raz, un groupe montréalais ni complètement klezmer ni complètement tsigane, encore moins la Nouvelle-Orléans, mais un peu des trois à la fois.

Balagane signifie « bordel », dans le sens de chaos, de désordre planétaire. Le titre indique bien l'état d'esprit de l'auteur au moment de l'écriture des chansons. Jamais n'a-t-on entendu ce poète romantique du Plateau-Mont-Royal mordre à ce point, se mettant beaucoup plus à nu qu'auparavant. Si *Pamietam* (MMM, 1997), le premier disque de Jeszcze Raz, rendait compte dans une atmosphère plus nostalgique du rapport à la guerre entretenu par la génération de ses parents, *Balagane* témoigne du quotidien et des opinions de Kunigis, le rassembleur qui pleure en fêtant et qui a compris le lien essentiel entre toutes les musiques vagabondes et clandestines.

Il est né en Pologne d'un père cantor juif et d'une mère catholique qui s'intéressait aussi bien aux chants slaves que liturgiques. Alors que Kunigis a trois ans, sa famille déménage en Israël, où il vit son adolescence avant de bourlinguer, ce qui l'amène à Montréal, où il s'installe en 1985. Après avoir réussi une incursion dans le monde du blues avec le groupe Acoustik Blue Note, qu'il a fondé avec le contrebassiste Éric West-Millette, il forme Jeszcze Raz, un groupe qui ne tardera pas à s'affirmer ici comme l'une des forces majeures des musiques du monde.

En 2001, les événements du 11 septembre et le conflit au Moyen-Orient l'ont profondément bouleversé. *Balagane* fut produit avant les attaques contre le World Trade Center mais, à partir de ce moment, le chanteur pianiste a réalisé davantage l'acuité du disque. Plus engagé que jamais, bien que ne se sentant d'aucune façon le droit d'être moraliste, Kunigis retrace sur le disque des portraits de vie, surveille la condition humaine, pose des questions lucides et chante l'amour le plus simplement du monde. Son groupe, un des meilleurs à Montréal, toutes catégories confondues, avec Jean-Denis Levasseur à la clarinette, Carmen Piculeata au violon, Tommy Babin à la contrebasse, Rémi Leclerc à la batterie, François Lalonde aux percussions et Caroline Meunier à l'accordéon, peut au besoin suivre brillamment ou renforcer la grande palette d'émotions qui se dégagent des riches compositions du leader.

Balagane est de ces disques charnières, comme celui de Lhasa de Sela. Le genre de disque qui permet d'envisager non seulement une carrière internationale pour la formation, mais aussi l'accès à une meilleure reconnaissance pour toute la *world* québécoise.

Membre de Jeszcze Raz, le violoniste Carmen Piculeata, reconnu pour la finesse de son jeu, dirige Bahtalo, une formation montréalaise de musique tsigane. Sur *Chante-moi, mon tsigane* (Indépendant), le groupe interprète des classiques roumains, bulgares, hongrois, russes ou yougoslaves, de même que des compositions originales. Une teinte de jazz et de bossa, ainsi que quelques brillantes improvisations, complètent le disque.

YVES DESROSIERS

Volodia (2002)
Audiogram/Sélect, ADCD 10154

Cette œuvre est celle d'un grand artiste québécois qui, pour son disque, a choisi de se transposer dans la peau de Vladimir Vissotsky, un poète russe vénéré par son peuple bien qu'interdit de son vivant en Union soviétique, et qui fait maintenant l'objet d'une admiration internationale ; un auteur troublé à la vision universelle, intemporelle et très actuelle. Le choix convient parfaitement au chanteur et guitariste que l'on a connu au sein de projets comme ceux des Quart de Rouge, Lhasa de Sela, Mononc'Serge et, plus récemment, Fredric Gary Comeau, Jeszcze Raz et Richard Desjardins. Un point commun entre eux : l'affirmation d'un Québec culturel nouveau et très ouvert sur le monde. Avec *La Llorona* (Audiogram) de Lhasa, Desrosiers avait signé, en 1997, la réalisation du premier disque majeur de la *world* d'ici. Avec *Balagane* (Audiogram, 2002) de Jezscze Raz, il projette une fois de plus la scène multiethnique montréalaise vers les espoirs les plus grands.

Ce disque était attendu avec impatience, puisque Desrosiers incarne l'image du musicien au service des autres, du créateur de génie, discret, timide, méticuleux, respectueux et visionnaire ; celui qu'on entend plus qu'on le voit, celui qu'on imagine concentré dans sa bulle durant des heures et des heures dans un studio avec son complice de toujours, le batteur François Lalonde, avec qui il a réalisé *Volodia*.

Ici, Desrosiers assure la cohésion rythmique et crée l'atmosphère d'un bal triste qui s'achève trop tôt, celui d'un barde déchiré qui n'aura jamais le temps de chanter jusqu'au bout. Le bal est ponctué de tous les drames sur fond de lap steel, de percussions légèrement guerrières, ainsi que d'un violon tsigane et d'un accordéon. Tout n'est pourtant pas si sombre. Nous voguons en plein univers de la métaphore éclairante. Les compositions revêtent parfois l'allure de délires, résultat de créations éthyliques que Desrosiers rend à merveille. Mais l'interprète ne reproduit pas la rage du poète puisque sa voix, plus délicate et plus fragile que celle de Vissotsky, adoucirait l'atmosphère si les arrangements percutants ne le faisaient pas déjà. Ce que Desrosiers ne possède pas dans la voix, il le trouve dans l'architecture sonore qu'il construit admirablement. Accompagné par ses complices (François Lalonde à la batterie, Didier Dumoutier à l'accordéon, Francis Covan au violon, Mario Légaré, Éric West-Millette et Christophe Papadimitrious à la contrebasse, pour ne nommer que ceux-là), le chanteur et guitariste montréalais a réussi une œuvre grandiose.

Une décennie après l'écroulement de l'Union soviétique, une nouvelle génération de créateurs s'inspire du chant des grands bardes qui étaient parvenus, tout comme Vissotsky, à créer un extraordinaire impact dans les années 1960 et 1970 sans obtenir le nécessaire statut de musiciens « officiels », mais en échappant tout de même aux rigueurs de la censure. Ce phénomène musical et plusieurs autres sont documentés sur *The Rough Guide to the Music of Russia* (World Music Network).

NACIONALIDAD...

SORAYA BENITEZ

Vive (2002)
Bros, 12002

Il y a chez cette artiste montréalaise une force explosive porteuse d'une violente décharge émotive, un sens de l'abandon peu commun, un engagement social et humain. Toute l'espérance du monde sort de cette voix naturellement opératique, puissante, passionnée, profonde et généreuse ; une voix au service de la joie des autres, une voix qui rend à la vie un hommage inébranlable certes, mais sans masquer les misères et douleurs ; une voix de tourmente qui sait aussi caresser et devenir intime. Cette voix, on la compare de plus en plus à celles des plus grandes chanteuses latino-américaines, des femmes qui, telles Mercedes Sosa, Violetta Parra ou Soledad Bravo, ont transformé le cours de l'histoire d'un continent en constante ébullition. Ces voix sont celles de la nueva cancion, un courant de chansons sociales qui a traversé l'Amérique du Sud depuis les années 1960 et qui a alimenté la jeune Soraya dans son Venezuela natal, un pays qui s'ouvrait alors à ses propres artistes, comme Simon Diaz et Ali Primera, autant qu'aux chansonniers cubains, tels que Sylvio Rodriguez ou Pablo Milanes. Toutefois, si l'influence de ces chanteurs s'est avérée déterminante dans l'œuvre de Soraya, il ne faudrait pas sous-estimer les apports des musiques populaires et classiques. Dès sa naissance, et à cause de l'histoire musicale de sa famille, la chanteuse est tombée dans ces deux mondes. Et cette dualité demeurera toute sa vie une énorme source de créativité.

Soraya a successivement appris à jouer du cuatro et de la guitare avant de découvrir sa voix à l'adolescence, de réécrire les chansons puis d'écrire les siennes, de s'initier formellement à l'opéra durant une courte période, puis de se faire connaître dans ce milieu à Caracas en tant que chanteuse soliste. Arrivée au Québec en 1997, à la recherche de la liberté, elle s'est intégrée dans le temps de le dire, a été découverte par Radio-Canada et Musique Multi-Montréal immédiatement après avoir offert sa voix aux passagers du métro. Deux disques ont suivi : *Mujer* (MMM, 2001) et *Vive*. Les deux ont permis à l'artiste de s'élever au rang des meilleurs espoirs des musiques du monde québécoises exportables. Sur chacun, la musique exhibe une Amérique latine tourmentée avec du tango passion certes, mais également plus frivole ou consciente, et où se succèdent ou s'entremêlent des rythmes enjoués, de la chanson sociale et du chant d'amour. Pour l'enregistrement de *Vive,* Soraya a bénéficié de meilleurs moyens de production. Il s'agit d'un disque plus orchestré que le premier, et la chanteuse y profite d'ailleurs des arrangements bien fignolés de son complice, Victor Simon, un musicien qui maîtrise plusieurs styles latinos. En plus du tango, le disque renferme une touche de jazz, quelques rythmes vénézuéliens très vivants, une pièce plus langoureuse avec de grandes envolées pianistiques, un blues métissé de musique cubaine, une chanson interprétée en français sur un rythme de boléro, une version espagnole de *Mon cœur est un oiseau* de Richard Desjardins et enfin le légendaire *Gracias a la vida*. Pas de doute, le message de Soraya est percutant.

Soraya Benitez apparaît sur le disque *Tango Tango* de l'ensemble Montréal Tango (Indépendant), que dirige habilement son arrangeur et pianiste, Victor Simon. La vieille école rencontre ici celle de Piazzolla avec des arrangements subtils.

VINGT-CINQ AUTRES DISQUES DE MUSIQUES DU MONDE

PRODUITS AU QUÉBEC

Par ordre alphabétique:

1. **ALLAKOMI**, *Allakomi*, Indépendant, 2002
Bien connu avant de s'installer ici à cause de sa participation au sein du fameux groupe burkinabé Farafina, le griot Zeydou Zon, accompagné de ses sept enfants, livre ici une brillante démonstration de sa virtuosité.

2. **GANESH ANANDAN**, *Fingerworks*, Indépendant, 1999
Le spécialiste montréalais explore, à partir de la tradition carnatique de l'Inde du Sud, des percussions indiennes, égyptiennes et irlandaises.

3. **LES BATINSES**, *L'Autre monde*, Mille-Pattes, 2002
Un disque très éclaté de musique traditionnelle québécoise.

4. **JEAN-FRANÇOIS BÉLANGER**, *Avant la dérive*, Indépendant, 2000
Un disque très métissé de la tradition québécoise.

5. **BOULERICE-DEMERS**, *Le vent du nord est toujours fret*, Roues et Archets, 2001
Le trad québécois rencontre la musique classique, le folk et la nostalgie celtisante.

6. **DAZOQUE**, *Dazoque*, Indépendant, 2002
Groupe montréalais qui mélange les musiques est-européennes aux sonorités électro-acoustiques et au *spoken word*.

7. **MERCAN DEDE**, *Double Moon*, Seyahatname, 2001
Musique d'inspiration soufie à l'ère de l'électronique.

8. **JOAQUIN DIAZ**, *Merengue merengue*, CBC, 1998
Accordéoniste émérite de merengue traditionnel dominicain.

9. **FORTIN-LÉVEILLÉE**, *Avenida Café*, Mosaïque 1, 1998
Le plus accompli de nos duos de guitaristes s'inspirant des traditions manouches, brésiliennes et jazz.

10 **SYLVAIN GAGNON ET O.S. ARUN**, *New Friends*,
Lost Chart Records, 1998
Saisissante rencontre, sous le signe de l'improvisation, entre un bassiste
jazz montréalais et un chanteur classique de New Delhi.

11 **INTAKTO**, *Intakto*, Justin Time, 2002
Chansons et musique à la croisée du tango, de la milonga
et de la chanson latino-américaine.

12 **ÉVAL MANIGAT & TCHAKA**, *Back to the Nation*,
Tchaka Productions, 1997
Le plus récent disque du chef de file des métissages d'ici. Au menu:
inspiration haïtienne avec compas ou ra-rock, et ouverture au funk
et à bien d'autres musiques.

13 **MUSA DIENG KALA**, *Musa Dieng Kala*, Abatis, 2000
Cet auteur-compositeur d'origine sénégalaise révèle une facette
plus spirituelle de la musique africaine.

14 **LORRAINE KLAASEN**, *African Connexion*, Klaasen Connexion, 2000
Reine de la *world* québécoise, formidable femme de scène aux multiples
talents, la Sud-Africaine d'origine s'entoure ici d'excellents jeunes
musiciens de Johannesburg.

15 **ROMULO LARREA & VERONICA LARC**, *Tangos pour la milonga*,
Romartis, 2000
Larrea souligne, avec bandonéon, contrebasse, piano et quatuor à cordes,
le triangle d'or de la musique argentine: le tango, la milonga et la valse.

16 **PERDU L'NORD**, *Clair Obscur*, TOP-LÀ, 2003
Ce groupe montréalais projette la québécitude musicale dans le nouveau
millénaire en peaufinant un vocabulaire plus éloigné de la source
traditionnelle et un peu plus *world* qu'auparavant.

17 **QUARTANGO**, *Esprit*, Justin Time, 2000
Le quartette montréalais de tango non argentin intègre ici l'opéra,
la musique irlandaise et le carnaval antillais.

18 **PAULO RAMOS**, *Brasil em fevereiro*, Yoye Records, 2002
Le meilleur disque de ce chanteur et guitariste d'origine brésilienne,
pionnier de la *world* montréalaise.

19 **ASSAR SANTANA**, *Ironia*, Disques Nuits d'Afrique, 2000
Plus récent disque de cette artiste pionnière, multidisciplinaire, accomplie
et conscientisée. Santana s'inspire ici de la musique du Nord-Est brésilien,
du jazz, du reggae et d'autres musiques latines.

20 **VLADIMIR SIDOROV**, *Bayan,* Tout Crin, 2001
Un disque aux frontières du jazz, des musiques classiques et des
musiques du monde pour ce virtuose du bayan, le grand accordéon
russe de concert.

21 **KIYA & ZIYA TABASSIAN**, *Jardin de la Mémoire,*
XXI World Classic, 2000
Les deux frères livrent une musique persane dépouillée,
savante et mystique.

22 **PHAM DUC THANH**, *Vietnamese Traditional Music*, Oliver Sudden, 1999
Excellent multi-instrumentiste d'origine vietnamienne.

23 **DANIEL THONON**, *Trafic d'influences*, FSDT, 1997
Entre le bal folk et la salle de concert, le compositeur s'amuse à
confondre les deux mondes en faisant du baroque à l'accordéon
et du musette au clavecin.

24 **TRIO GUITARES DE MONTRÉAL**, *Garam Masala*, Banyan, 2002
Trio montréalais composé de guitaristes de formation classique
qui s'ouvrent aux musiques du monde.

25 **LA VOLÉE D'CASTORS**, *La Volée d'castors*, Cœur de Lion, 2000
Le meilleur jeune groupe de la tradition festive au Québec.

CŒUR
QUI SOUPIRE...

Cœurs blessés, brisés, trahis... Voix émues, déchirées, passionnées, qui s'expriment dans toutes les langues, notamment celles d'Europe de l'Est ou d'Europe centrale avec les grandes chanteuses tsiganes, et en espagnol à travers les rancheras ou l'art flamenco. Attention : fougue et passion !

ARTISTES DIVERS

Gypsy Queens. Flammes du cœur (1999)
Network/SRI, 32.843

Elles viennent de Macédoine, de Roumanie, de Hongrie ou d'Espagne. Toutes, elles ont le cœur déchiré et chantent leur désespoir avec une intensité et une passion qui ne trompent pas. Ce sont les reines de la musique gitane. Certaines sont très connues, d'autres moins. Leur chant est poignant, ardent, énergique.

La plus grande interprète se nomme Esma Redžepova. Née à Skopje, en Macédoine, la chanteuse fut découverte par le musicien, compositeur et arrangeur Stevo Teodosievski. Ensemble, ils devinrent célèbres dans tous les Balkans, et même partout au monde. Colorée et exubérante, Redžepova chante de sa voix puissante et vibrante la déception d'une jeune fille d'avoir été mariée trop tôt (*Abre ramce terneja* et *A Bre Babi*); le départ d'un jeune homme pour la guerre et sa séparation d'avec sa mère et sa bien-aimée (*Kerta mange*). Également originaire de Macédoine, Džansever a commencé à chanter très tôt. Installée en Turquie, elle est celle dont le style est le plus oriental. Dans *Ki zandana me kamerav*, elle chante le désespoir d'un prisonnier et raconte l'histoire d'une femme abandonnée par son amoureux dans *Ce aysunu*.

Deux chanteuses présentes sur *Gypsy Queens* viennent de Roumanie: Gabi Luncă et Romica Puceanu. La voix douce de la première s'harmonise avec l'accordéon de son mari, Ion Onoriu, et le violon de l'ensemble. *Sus în deal, pe poieniță* et *Supărată sînt pe lume* mettent en scène le ressentiment et l'amertume de ceux qui ne connaissent pas le bonheur, tandis que *Neicuță, mi-aduc aminte* prête la parole à une amoureuse qui se remémore les nuits passées auprès de son amant avant qu'il la quitte. Peut-être la plus sentimentale des six reines gitanes, Romica Puceanu, icône nationale, chante dans toutes les pièces de cette compilation les souffrances de l'amour, la douleur de la séparation, les misères de la solitude et la menace de la mort.

Mitsou, la plus jeune de toutes, est la merveilleuse chanteuse du groupe hongrois Ando Drom. Avec ce groupe, Bratsch et le violoniste Lájos Kathy Horváth, elle reprend sur cet album double quelques pièces connues. Parmi elles, la touchante *Ederlezi*, qu'a fait connaître le film *Le temps des gitans*, et l'entraînante et néanmoins triste *Csi lav tu*. De sa voix enfantine, aiguë et brisée qui rappelle les voix des femmes du Rajasthan, elle chante aussi les très beaux morceaux *Le Shavore* (vibrant échange entre voix et violon) et *Rien dans les poches*, rêves d'un monde où vagabonds et humiliés seraient acceptés.

D'Espagne nous vient La Macanita, alors que les cinq autres reines retenues proviennent d'Europe de l'Est ou d'Europe centrale. Mais le flamenco n'est-il pas une branche directe de la musique du peuple rom? Avec passion et intensité, accompagnée par le guitariste Moraito, la chanteuse pleure la mort de la grande Carmen Flores de Jerez, ville dont La Macanita est elle-même issue. D'une voix grave, enflammée et dramatique, elle raconte dans *Taranto* et dans *Lecciones de soledad* différentes situations où hommes et femmes se retrouvent seuls à cause de la misère, de l'absence, de la mort…

On aura une idée de l'exubérance d'Esma Redžepova en écoutant *Chaje Shukarije* (Times Square Records), où elle chante entourée de quelques-uns des quarante-sept garçons qu'elle a adoptés et formés musicalement.

Accompagné par François Castiello et Bruno Girard de Bratsch, et servi par la voix magnifique de Mitsou, le groupe de gitans de Budapest Ando Drom signe avec *Phari Mamo* (Network) un disque sensible et mélancolique.

CŒUR QUI SOUPIRE…

CHAVELA VARGAS

Chavela Vargas (1997)
Tropical Storm/Warner, 18555-2

Grande dame de la ranchera mexicaine longtemps tombée dans l'oubli, Chavela Vargas a entrepris dans les années 1990 une seconde carrière, depuis notamment que le cinéaste espagnol Pedro Almodovar, fan inconditionnel, l'a encouragée à reprendre le chant. Tournées et disques ont jalonné cette décennie. Dernièrement, on l'a vue, à quatre-vingt-trois ans, dans le film *Frida* (Universal, 2002) inspiré de la peintre avec laquelle elle aurait eu une liaison. Certes, la voix n'est plus ce qu'elle était, surtout si l'on considère que Vargas a quitté sa carrière dans les années 1970 à cause de l'alcoolisme. Mais comment résister à ce chant toujours aussi passionné, à cette voix émue et déchirée, dont on peut dire, sans peur du cliché, qu'elle a beaucoup vécu ?

Née au Costa Rica, d'où elle s'est enfuie vers quatorze ans, Chavela Vargas a commencé à chanter au Mexique assez tardivement. De trente à soixante-dix ans, elle se produit dans la rue, puis elle accompagne José Alfredo Jiménez, l'un des plus importants chanteurs et compositeurs de ranchera, un style urbain qui exprime la nostalgie et la mélancolie, sorte de blues mexicain. C'est sans doute pour cette raison qu'on a comparé Chavela Vargas à Billie Holiday. Pendant ces années, la chanteuse mène une vie que le Mexique d'alors ne peut s'empêcher de trouver scandaleuse : vêtue en homme ou d'un large poncho rouge, armée d'un revolver, attirée par les femmes et la tequila, elle ne passe pas inaperçue et défraie souvent la chronique. Ses chansons *Macorina, Pensa en mi* et *La Llorona* (reprise par Lhasa de Sela et Lila Downs) la rendent célèbre dans les années 1960 et 1970, notamment auprès des homosexuels latino-américains qui font de Vargas une icône. Peu de temps après, elle se retire une première fois.

Grande romantique, elle chante ici comme toujours les tourments et le désespoir des amours déçues. Avec autant d'émotion qu'il y a quarante ans, elle chante le cœur brisé, la voix est rauque, fatiguée mais vivante. «*Soy tuya mi amor*» («Je suis à toi, mon amour»), peut-elle lancer sans crainte du ridicule, comme seules peuvent le faire les meilleures chanteuses, avec un trémolo dans la voix et le sens du mélodrame. Elle demande, implore, sanglote.

Splendeur de la souffrance, passion et douleur profonde telles les deux faces d'une même médaille, voilà qui s'accorde on ne peut mieux avec le style de la ranchera, ainsi qu'en témoignent les poignants *Sombras, Encadenados* et *En mi terreno*. On soulignera toutefois les arrangements modernes et sobres de Juan Carlos Calderón, producteur de *Chavela Vargas*, dont les affinités avec le jazz sont évidentes, ce qu'illustre son piano dans *Nosotros*. Dans d'autres pièces, ce pourra être la guitare, la trompette et surtout le saxophone, tous à des années-lumière des orchestrations des mariachis.

Treize chanteuses sont réunies sur *Mexican Divas* (Opción Sónica). Certaines frayent avec le pop, d'autres proposent des ballades au ton plus dramatique. C'est le cas de Lila Downs, de Nidia, de Betsy Pecanins et d'Eugenia León.

ESTRELLA MORENTE

My Songs and a Poem (2001)
Realworld/Virgin, 7243 8 11435 2 0

Emblème de toute une génération, le nom de Morente est synonyme de chant flamenco puisque Enrique, le père d'Estrella, est un cantaor réputé pour ses interprétations magistrales de la poésie espagnole, de même que pour son rare sens de l'aventure musicale. Qu'allait donc nous réserver Estrella à sa première tentative sur disque ? Allait-elle conserver le goût de l'expérimentation qui est associé au nom de la famille ? Se joindrait-elle au nuevo flamenco, le courant de la génération actuelle qui mélange les racines avec le rock, le jazz et les autres musiques du monde ?

My Songs and a Poem, également connu sous son titre espagnol *Mi cante y un poema*, est un disque beaucoup plus proche de la tradition. On comprend très vite pourquoi on a comparé la voix de la jeune chanteuse à celle de la Nina de los Peines, l'une des plus grandes cantaora du XXe siècle. En dépit de son jeune âge — elle avait vingt ans lors de la parution de l'album —, Estrella partage avec l'icône une voix à la tessiture élargie et possède déjà une assurance et un sens de l'abandon peu communs. Le disque évite plusieurs clichés de la rumba flamenca à la mode. L'interprète ne laisse planer aucun doute quant à l'authenticité de la démarche. Si elle montre quelque ouverture aux nouveaux courants ainsi qu'en témoigne *Moguer*, une chanson plus intime qui intègre des éléments de jazz, si dans certaines pièces on a raffiné la matière brute d'une tradition de passion enflammée, on retrouve néanmoins chez elle ce sens de la déchirure sans compromis, caractéristique du duende, le chant le plus profond de l'art flamenca.

Avec un timbre plus doux que les plus anciennes chanteuses, la créatrice réussit pourtant à couvrir un large spectre d'émotions. Des soleas comme *The Night* ou *Solea Grana* révèlent aisément toute la théâtralité d'un art extrême, alors qu'un tango flamenco tel que *Pepicòs Tango* dévoile une voix plus retenue, plus lumineuse que bouleversante, plus légère et moins dramatique. Peu importe le style, rien n'est dilué. Tout est livré avec intégrité et intensité dans une atmosphère acoustique soutenue par des guitaristes de très haut niveau qui, comme Alfredo Lagos, les frères Carmona et Habichuela (ses cousins et ses oncles) ou Manolo Sanlucar, savent demeurer assez discrets pour ne pas porter ombrage à la chanteuse tout en occupant un espace créatif favorisant la plus grande inspiration, les improvisations les plus libres et les envolées incantatoires de l'interprète. Certaines pièces nous ramènent à la fête gitane et à son esprit plus spontané, beaucoup plus dégagé des contraintes formelles. C'est le cas de la buleria *Pilgrims*, où Estrella donne l'impression de chanter avec une voix cassée, ou de *Gallery*, alors que ses partenaires se laissent aller à des battements de mains et à toutes sortes de petits cris. Les titres sont présentés en anglais, mais ne nous y trompons pas, *My Songs and a Poem* livre des interprétations en espagnol et s'avère le premier disque d'une très grande dame en devenir.

CŒUR QUI SOUPIRE...

Enrique Morente, le père d'Estrella, possède non seulement la réputation d'être le plus grand chanteur de flamenco vivant, mais également celle de s'adapter aux projets spéciaux les plus étonnants. Compositeur de musique symphonique, de musique de chambre, de trames sonores aussi bien pour le théâtre que pour le cinéma et la télévision, il sait marier son univers à celui du rock, comme il le démontre brillamment sur *Omega* (El Europeo Musica).

DUQUENDE

Samaruco (2000)
Polydor/Universal, 07314 543908 2 8

Dès le début du disque, on croit avoir affaire à une voix d'enfant, mais une voix transportée par l'errance de tout un peuple soumis aux plus grandes souffrances, une voix qui a traversé les frontières des âges depuis un millénaire ; une voix qui porte la déchirure la plus profonde, le duende. On le constate immédiatement, la voix d'un cantaor se démarque de tout ce que le flamenco à la mode et la rumba flamenca plus légère ont proposé en dix ans. Un véritable sens de l'histoire passe à travers cette voix, tel un destin envahissant que l'artiste n'a pas choisi, puisque jamais il n'aurait cru devenir chanteur. Tout jeune, il chantait librement et écoutait sur disque les plus grands maîtres, dont le célèbre Camaron de la Isla.

C'est d'ailleurs celui-ci qui remarquera le jeune Duquende, alors âgé de huit ans. Il l'invitera à monter sur la scène et l'accompagnera même à la guitare. Dès lors, Duquende sera considéré comme l'héritier spirituel de Camaron de la Isla, ce qui lui vaudra l'attention de plusieurs des plus importants guitaristes qui le soutiendront et l'encadreront. C'est le cas de Tomatito, de Juan Habichuela et de Vicente Amigo, qui ont travaillé avec lui, ainsi que de Paco de Lucia, qui collabore à deux pièces sur *Samaruco*, et de Juan Manuel Canizares, qui accompagne Duquende dans presque toutes les pièces du disque.

L'enfant que l'on entend au début ne survivra que quelques secondes. L'adulte, lui, occupera aussitôt tout l'espace. Une place réservée à très peu de cantaores, car la majorité d'entre eux interprètent surtout des tangos et des bulerias, deux styles plus informels et moins théâtraux, jugés plus commerciaux par les aficionados du flamenco. Duquende peut aisément ajouter à ce type de répertoire une siguiriya (*Siquiera una palabra*) et une solea (*Rama Nueva*), deux formes musicales associées au cante jondo, le chant le plus profond et le plus tragique de l'arsenal flamenco. Il exécute également un fandango plus frivole (*Afina la guitarrita*), une alegria plus joyeuse (*Samaruco*, la pièce-titre) et une taranta livrée dans un style très libre (*No viene*).

Peu importe l'accompagnement, Duquende se livre à de saisissantes improvisations en étirant les syllabes des mots, en s'abandonnant totalement à tous ses sens et en laissant transparaître, lorsque la situation le commande, une absolue tristesse. Les arrangements s'insèrent dans la plus grande tradition, à l'exception de quelques accords de guitare *bluesy* et de quelques influences du jazz. Beaucoup plus proche de l'esprit du nuevo flamenco, *La Telita* propose une rythmique plus rapide avec une basse ronde et omniprésente ou des chœurs assez autonomes. Mais encore ici, si le chanteur se fait moins dramatique, il ne cède jamais à la mièvrerie. Sa capacité d'interpréter avec vigueur tous les styles flamencos en fait l'un des plus grands cantaores de sa génération, et *Samaruco* le reflète parfaitement.

Une pièce du premier disque de Duquende fait partie de *Duende* (Ellipsis Arts), un superbe coffret de trois disques présentant autant de facettes du flamenco. L'un est consacré au chant. Duquende y apparaît au même titre que Camaron de la Isla, Terremoto, Enrique Morente ou la Nina de los Peines. Le deuxième met en évidence les grands guitaristes, alors que le dernier révèle les perles du nuevo flamenco. *Duende* s'avère une excellente introduction au flamenco.

RAP, TECHNO, ROCK

Bidouilleurs de génie, rapeurs visionnaires et rockeurs anthropophages tendent la main à l'histoire et livrent de formidables hommages, alors que temps et frontières se déconstruisent. Le tango se renverse, le Buena Vista se rape. Voix et instruments se trafiquent ou se confondent avec consoles de disc-jockeys, séquences et boucles hypnotiques. Un nouveau cycle apparaît.

ORISHAS

Emigrante (2002)
EMI/Virgin, 72435 38802 2 4

Formé à Paris à la fin des années 1990, Orishas était initialement composé des Cubains Yotuel Manzanares et «Ruzzo», qui constituaient auparavant le groupe Aminasa, ainsi que de Livan N. Alemán «Flaco Pro», associé à Sergent Garcia, et Roldán G. Rivero, chanteur et guitariste de trova et de son cubains vivant à Paris. Avec le producteur de hip-hop français Niko Noki, il lance *A lo cubano* (EMI, 2000), un disque qui fait école et qui connaît un très grand succès auprès du public, avec la pièce *537 C.U.B.A.* qui reprend sur un rythme hip-hop *Chan Chan*, un classique du Buena Vista Social Club. En 2002, le groupe est de retour sans Alemán, et propose sur *Emigrante* quinze pièces qui allient de nouveau musique cubaine et hip-hop.

La signature du groupe est déjà dans cet hommage rendu à Compay Segundo et au Buena Vista : le répertoire traditionnel sera pris en considération par les jeunes rapeurs, et un lien sera établi entre tradition et modernité, entre racines afro-cubaines et inspiration afro-américaine. S'éloignant de ces rapeurs qui, dans le monde, tentent de reproduire un certain type de hip-hop nord-américain en reconduisant ses clichés (par exemple, en réitérant sa violence et son sexisme) et surtout en niant leur propre culture, Orishas est bien ancré dans son univers. Le nom du groupe l'indique : «Orishas», ce sont les déités de la santeria. Le groupe est fort attaché à ses traditions musicales et ce n'est pas un hasard s'il revisite le répertoire cubain — rumba, son, salsa, guaracha, danzon — avec autant de sérieux, de professionnalisme et d'entrain, et s'il

l'entremêle avec autant de bonheur au hip-hop. De ce mode singulier d'expression, Orishas tire son originalité.

Autre mélange peu orthodoxe et fonctionnant à merveille chez Orishas ? Le mariage du rap et du lyrisme, du *spoken word* et des mélodies chantées. Roldán, à qui l'on doit la touche latine plus traditionnelle sur le disque, chante de sa voix mélancolique l'authentique son cubain. Yotuel et Ruzzo l'accompagnent en chœur ou rapent à ses côtés, de leurs voix plus saccadées. Ses envolées suscitent l'émotion, alors que les deux compagnons de Roldán apportent rythme et fraîcheur.

On aura une idée de ces voix alternées et de ces envolées lyriques en écoutant le très beau *¿Que Pasa ?*, la ballade *Mujer*, le doux *Asi fue*, la chanson *Niños* consacrée à l'amour d'un nouveau-né, la pièce *Ausencia* chantée en espagnol et en français, et racontant l'histoire d'un «frangin» disparu. En terminant, soulignons la présence d'invités spéciaux sur *Emigrante* : le chanteur colombien Yuri Buenaventura dans *300 Kilos*, et les rapeurs français Niko Noki dans *Ausencia* et Passi dans *La Vida pasa*.

Autre artiste installé à Paris, le Colombien Yuri Buenaventura évolue généralement dans le monde de la salsa et non du hip-hop comme sur *Emigrante*. Son deuxième disque, *Yo Soy* (Mercury), a été enregistré à Porto Rico et fait entendre salsa, danzon, boléro, cumbia.

RAP, TECHNO, ROCK

GOTAN PROJECT

La revancha del tango (2001)
Iya Basta !/XL Recordings, YAB013

« Gotan », on l'aura peut-être remarqué, signifie « tango » en verlan. Intention du groupe : mettre le tango sens dessus dessous. Rappelons d'abord que le projet a germé à Paris. Terre d'accueil de Carlos Gardel, d'Astor Piazzolla, de Juan Carlos Caceres, illustres « rénovateurs » du genre, dans quel autre lieu le tango pouvait-il être réinventé, New York mis à part ? Un Français (Philippe Cohen Solal), un Suisse (Christoph H. Müller) et un Argentin installé à Paris (Eduardo Makaroff) en sont les instigateurs. Les deux premiers raffolent de l'expérimentation et s'occupent des claviers, des effets sonores et de la programmation. Leur compère est à la guitare acoustique. Ensemble, ils ont composé la plupart des pièces.

Le trio a demandé à quelques « vrais » musiciens, et non les moindres, de se joindre à lui. Tout d'abord, il y a le pianiste argentin Gustavo Beytelmann, qui a accompagné Piazzolla et formé le trio Morsalino-Beytelmann-Caratini, et le bandonéoniste Nini Flores, qui a joué longtemps du tango en Amérique latine, puis en Europe, avec plusieurs grands artistes argentins comme Ariel Ramirez et Eduardo Falù. Il y a aussi la violoniste hollandaise Line Kruse qui a pratiqué le jazz, la salsa, la musique maghrébine et le tango. L'envoûtante chanteuse Cristina Vilallonga vient, quant à elle, de Barcelone.

Ces passionnés de l'électro et ces musiciens talentueux s'unissent sur *La revancha del tango* et proposent une fusion fine et élégante de l'électronique et du tango. Le mariage, aussi surprenant qu'il paraisse, est réussi, même s'il restera toujours scandaleux aux yeux de certains. Gustavo Beytelmann et Nini Flores portent la flamme du tango. Line Kruse, avec son violon ardent, et Cristina Vilallonga, avec sa voix chaude et sensuelle, les secondent admirablement. Lyrisme, passion et fougue sont au rendez-vous. Quant au travail de Cohen Solal et de Müller, il ajoute à l'ensemble de nouvelles dimensions : du mystère, de l'étrangeté (aboiements de chien, sifflets de train, bruits divers), parfois une teneur historique ou politique par l'échantillonnage de discours du Che ou d'Eva Perón, un surcroît de rythme qui accentue les tempos déjà marqués du tango, voire une rigueur qui ne lui est pas tout à fait étrangère.

C'est dans *Queremos paz* (nous voulons la paix) que l'on entend la voix du Che, entrecoupée d'un bandonéon à l'écho persistant. *Época* entremêle la voix caressante de Vilallonga, le son du bandonéon, l'appel incessant du violon et les accords plaqués du piano. *Chunga's Revenge* est tirée du répertoire de Frank Zappa. Guitare, bandonéon, piano, violon entrent chacun leur tour en scène dans *Triptíco*, longue pièce house qui a connu énormément de succès. *Santa María*, traitée à l'ancienne avec des effets dramatiques, a une grande force d'évocation. Bandonéon, écho et une voix qui rappelle ici celle de Brigitte Fontaine font de *Una musica brutal* une pièce étrange et fascinante. Enfin, deux thèmes musicaux repris des films *Last Tango in Paris* (de Gato Barbieri), film fétiche des membres de Gotan Project, et *Sur* (film de Fernando Solanas d'où provient *Vuelvo al sur*, composé par Astor Piazzolla) sont de véritables bijoux.

Aux côtés de Gotan Project, on trouve sur *World Lounge* (Putumayo) des musiciens ou des groupes de différents pays qui fusionnent musiques du monde et électronique. Jasmon, Nicola Conte, Arling & Cameron font une incursion au sein de la musique indienne, tandis que Mo'Horizons et Montefiori Cocktail lorgnent vers la bossa-nova brésilienne.

TABLA BEAT SCIENCE

Live in San Francisco at Stern Grove (2002)
Axiom/Palm Pictures, PALMCD 2084-2

Ce projet résulte du travail de deux formidables têtes chercheuses. L'architecte sonore Bill Laswell a réussi à créer un contexte électronique favorisant l'expression de toute la créativité de Zakir Hussain, l'un des plus grands percussionnistes du monde et joueur de tabla émérite. À l'origine, les deux avaient imaginé un espace sonore ouvrant toute grande la porte aux rythmes hindoustanis de l'Inde du Nord aussi bien qu'à des sonorités plus contemporaines comme le dub, le drum n'bass, l'ambiant, le funk et le jazz. Puis des musiciens de la génération de l'Asian Massive, Talvin Singh et Karsh Kale, se sont insérés au sein du projet tout comme Trilok Gurtu, un pionnier en matière de tabla fusion, et Ustad Sultan Khan, l'extraordinaire joueur de sarangi.

Il ne s'agit pas d'un groupe au sens traditionnel du terme. On ne leur connaît pas de véritable leader. Les musiciens apportent tous des pistes de base, le plus souvent composées de simples rythmes. Pour le reste, ils accordent une large part à l'improvisation et ne savent jamais de quelle façon leur musique évoluera d'un concert à l'autre. Tout dépend de leur humeur ou de la personnalité des invités spéciaux. On les a vus, par exemple, jouer avec les chanteuses Ejigayehu «Gigi» Shibabaw et Sussan Deihim, ce qui leur a permis d'explorer les chants éthiopiens et iraniens dans les contextes électroniques et rythmiques.

En 2000, le disque *Tala Matrix* (Axiom) s'avère une véritable révélation. Les différents univers se côtoient dans une atmosphère de respect mutuel. Deux ans plus tard, le clan se projette une fois de plus dans une étonnante odyssée en faisant paraître *Live in San Francisco at Stern Grove*, réalisé sans Talvin Singh ni Trilok Gurtu, mais avec la complicité des quatre musiciens de base, de la chanteuse éthiopienne «Gigi», de Midival Punditz et de Fabian Alsultany à l'électronique, de même que de DJ Disk aux platines. Le disque témoigne du résultat du premier concert à vie du «groupe» et laisse plus de place au sarangi ou aux inventions diaboliques du grand maître Ustad Sultan Khan. Les musiciens s'amusent visiblement avec le tabla n'bass effréné de Zakir Hussain et Karsh Kale. Les deux proposent des atmosphères planantes ou encore des duos vocaux obsédants entre Khan et Gigi. Le disque est ponctué d'accélérations hallucinantes des tempos, d'un jeu de basse lourd et traînant de Laswell, d'effets de dub charnels, de duels rythmiques impayables entre Zakir et DJ Disk, et mêle tout cela à la fin. L'ensemble revêt un caractère jubilatoire, d'autant plus qu'il n'est vraiment pas évident de marier avec autant de justesse des univers aussi contradictoires.

Est-il possible de trouver de l'Asian Massive à Toronto? Bien sûr! Mais pas au sens britannique ou new-yorkais du terme. Au lieu de l'électronique, Ritesh Das explore depuis plus d'une décennie, avec une batterie de percussionnistes et chanteurs du Toronto Tabla Ensemble, toutes les subtilités de la musique classique hindoustanie et ses mélanges avec d'autres musiques du monde. Sur *Weaving* (Naxos World), Das lorgne même vers le jazz, le funk, le rap et le *spoken word*.

LENINE

Na Pressão (1999)
BMG, 7432168235 2

Avec ce deuxième disque solo, Lenine obtient enfin, après vingt ans de travail, une reconnaissance internationale pleinement méritée. Plus que jamais, il avale tout pour mieux recracher, étant ainsi fidèle au mouvement anthropophage, un courant intellectuel brésilien datant des années 1920 et repris par les Caetano Veloso et Gilberto Gil à la création du tropicalisme à la fin des années 1960. Lenine y réussit une formidable synthèse entre le nord du pays, d'où il vient, et le sud où il vit, ainsi qu'entre l'analogique et le numérique. Il équilibre le format chanson et la construction d'un univers très personnel, composé de rythmes traditionnels, comme le maracatu, la samba et le baiao, aussi bien que de textures plus contemporaines, comme le funk, le rap ou le jungle. Mais une fois crachés, tous les éléments retombent de façon mélodieuse et coulante. Même lorsque sa voix se fond dans la distorsion, il en ressort toujours beaucoup d'élégance.

L'auteur-compositeur, qui est également producteur et arrangeur, représente avec Mestre Ambrosio, Chico Science et Naçao Zumbi un courant qui provient de Recife, dans le nord du pays. Ces artistes ont tous fait émerger le rythme du maracatu pour le mélanger à des couleurs internationales, créant ainsi une nouvelle musique populaire. La MPB (musique populaire brésilienne) se rapproche encore une fois de quelques-unes de ses nombreuses sources. Mais si Lenine a mis tout ce temps avant de se faire remarquer à ce point, c'est qu'à ses débuts il a privilégié son travail de compositeur. Plusieurs, à l'instar de Gilberto Gil, Sergio Mendez et l'Américaine Dionne Warwick, ont intégré les pièces de Lenine au sein de leur propre répertoire. Cela lui a donc permis d'élaborer une architecture sonore qui est apparue comme pleinement mature dès la sortie de *Na Pressão*. De plus, il a la réputation de rédiger des textes intelligents qui relatent très souvent, en dépit d'un intérêt marqué pour la science-fiction, la misère humaine, le problème de la faim et nombre de souffrances du quotidien. Il compare d'ailleurs son écriture à celle d'un journaliste qui cultive la chronique musicale et qui peint la réalité sociale. Le travail n'a rien d'apolitique.

Na Pressão marque le coup d'entrée de jeu avec un hommage à Jackson do Pandeiro, une légende de la musique du Nord-Est brésilien. Dès le début, on joue sur différentes intensités de tambours qui introduiront au loin le chanteur et guitariste au son d'une rythmique très animée. Des voix hurlantes apparaissent çà et là, n'altérant pas du tout le caractère très mélodique de la chanson. Avec l'ajout d'échantillons d'accordéon, la table sera mise, et ce qui suivra ne déroutera plus. Quelques pièces plus intimistes présentent de riches effets sonores, d'autres ont des rythmes nordiques accentués, de la sensualité à la Jorge Ben, de la ballade avec un soupçon d'étrangeté, de la percussion parfois intense, des cris de rage, une guitare à la Hendrix, une fanfare déconstruite... Tout cela fait partie d'une chanson curieusement très fluide.

Parmi les interprètes de Lenine figure Daude, une chanteuse du Nord-Est brésilien au *groove* extraordinaire. Sur *Daude* (Tinder), elle établit la relation entre les rythmes traditionnels précurseurs du hip-hop et leur prolongement actuel. Le résultat donne une pop fignolée avec élégance et un swing contagieux.

SUBA

São Paulo Confessions (2000)
Six Degrees/Outside, 657036 1019-2

En moins de dix ans, le Yougoslave Mitar Subotic, alias Suba, a réussi à apposer sa signature sur la nouvelle musique brésilienne. Installé à São Paulo à la fin des années 1980, le musicien et producteur se fait connaître assez rapidement et assure la production de plusieurs disques d'artistes de talent, dont le groupe Mestre Ambrosio, les chanteurs Arnaldo Antunes et Marina Lima. L'une de ses productions fera plus particulièrement parler d'elle : il s'agit de *Tanto Tempo* (Six Degrees, 2000) de Bebel Gilberto, disque qui ne serait pas ce qu'il est sans la présence de Suba. À la même époque, il est à mettre au point sa première œuvre personnelle : *São Paulo Confessions*. Malheureusement, cette réalisation, tout comme celle de Gilberto, verra le jour à titre posthume, puisque Suba est décédé de façon tragique dans l'incendie de son studio.

São Paulo Confessions est donc aussi bien la première œuvre de Suba, celle qui contient toutes les promesses, que la dernière, sorte de testament de cet artiste mort à trente-sept ans. En cela, ces *Confessions* sont légèreté et gravité, *felicidade* (félicité) et *neblina* (brouillard), lumière et ombre, comme l'indique la photo en clair-obscur sur la pochette. Dans sa présentation, Suba évoque un *Blade Runner* sous les tropiques. Fabuleux anthropophage, le compositeur sait ingérer et assimiler des couleurs, des textures, des sons provenant de divers horizons, de la tradition brésilienne à la nouveauté électronique.

Parmi les nombreux invités dont Suba s'entoure sur son disque, c'est bien la chanteuse Cibelle qui peut représenter la lumière. Elle interprète ici trois merveilleuses chansons, dont *Tantos desejos* et *A Felicidade*, reprise du succès de Vinicius de Moraes et Tom Jobim, un moment — le nom le dit — de grande félicité, de douceur suave. Dans les parages, on trouve également deux autres voix féminines : celles de Taciana, dans *Você gosta*, et de Katia B. dans *Segredo*, dont les eaux sont peut-être légèrement plus troubles. Plus sombre, étrange et fascinant, *A Noite sem fim* fait entendre la guitare discordante de Andre Geraissati et un échantillonnage de timba fêlé joué par le percussionniste João Parahyba. De même, dans *Abraço* s'entremêlent la voix trafiquée de Joanna Jones et la voix grave et rauque, saccadée et répétitive de Arnaldo Antunes, ainsi que guitares et percussions hallucinées. Enfin, il faut dire un mot de ces pièces extraordinaires que sont *Antropófagos* et *Samba do gringo Paulista*. Mestre Ambrosio participe à la première. Cette pièce résume à elle seule le parcours singulier de Suba, habile compositeur et programmeur qui assimile ici rythmes brésiliens et sonorité particulière de la rabeca, et mêle à cela un rythme techno. Quant à la seconde, elle met encore une fois en évidence les talents de Suba, ce « gringo Paulista », comme le nomment les habitants de São Paulo, qui nous offre une samba débridée et des plus originales. Suba a vraiment su créer en une œuvre ce que certains mettent une vie à accomplir.

Suba Tributo (Six Degrees) est un vibrant hommage qui révèle les multiples visages de ce producteur de génie. Y collaborent Marina Lima, Cibelle, João Parahyba (batteur du trio Mocoto), le leader de Naçao Zumbi, les Boyz from Brazil et plusieurs disc-jockeys. Très variés, les tempos et atmosphères nous font pénétrer aussi bien dans le tempo lent le plus sensuel que dans le house ou le rythme les plus lumineux. Témoignage pleinement réussi.

X ALFONSO

Homenaje Beny More 1919-1963 (2001)
Velas/Distribution Bros, VLS 2052-2

Le mélange entre les âges et les styles revêt parfois des tournures insoupçonnées, donnant lieu à des élans de création singuliers. C'est le cas ici alors que X (prononcer Équis) Alfonso, un producteur arrangeur associé aux nouveaux courants de la musique populaire, rend un vibrant hommage au père spirituel d'un nombre croissant de jeunes créateurs.

On reconnaît de plus en plus à l'extérieur du pays l'apport de Benny Moré à la musique cubaine. Considéré par plusieurs comme le plus grand sonero de l'histoire de l'île à cause de son sens inné de l'improvisation, souvent comparé à Carlos Gardel à la suite de l'impact majeur qu'il a eu, Moré a constamment questionné les modèles imposés à son époque, parcourant une quantité impressionnante de styles, déconstruisant les rythmes et les ressoudant ensemble. Excellent arrangeur, il pouvait se promener allègrement entre les sones, la guaracha, les boléros romantiques et les mambos enflammés. Sa propre histoire est associée à celle de Cuba, puisqu'il a fait partie du groupe de Miguel Matamoros avant de contribuer à la création du mambo dans l'orchestre de Peres Prado au Mexique et de revenir créer l'Orquesta Gigante, son big band des années 1950. À sa mort, plus de cent mille personnes ont assisté à son enterrement en suivant les rites du cérémonial bantou.

Pour célébrer son œuvre, X Alfonso poursuit le travail de déconstruction entrepris par le monstre sacré un demi-siècle plus tôt, mais à partir d'un nouveau vocabulaire, celui du rap et de sons échantillonnés, retenant çà et là des parties orchestrales du big band du maître. Alfonso, l'un des plus importants musiciens cubains de la génération actuelle, a de qui tenir puisque son père et sa mère dirigent les destinées de Sintesis, l'un des groupes rock les plus expérimentaux de Cuba et au sein duquel X a officié durant quelques années.

Homenaje Beny More fait brillamment ressortir et assimile les décalages sonores entre les années 1950 et les années 2000. Ce n'est sans doute pas par hasard que, dès le début, on se sent plonger dans une atmosphère de brouillage de pistes en mode techno qui servira d'introduction et qui se fondra dans un rap beaucoup plus comestible. Les dés sont lancés. Nous aurons droit à un alliage inusité et presque insolite entre des sonorités des deux époques. Grâce à de savants arrangements, les échantillonnages du big band de Moré entrent tels des cuivres d'un orchestre de jazz ou de mambo, dans une musique où rap et effets électroniques s'imposent tout naturellement. L'histoire n'est pas en reste et les rythmes afro-cubains se marient au jungle alors que le boléro romantico se mêle même au rap. Des harmonies vocales sont édifiées entre la voix de Moré mort depuis 1963, et celles, encore bien en vie, du groupe Sintesis. Justement, Alfonso a réussi une extraordinaire synthèse qui projette la musique de tout un peuple dans une dimension nouvelle.

Le Montréalais Carlos Placeres se réclame également de Benny Moré, mais d'une tout autre façon puisque, à la base, il est issu de la trova chansonnière à la Silvio Rodriguez. Sur *A Los Ancestros* (Analekta), Placeres aborde la chanson qui s'imprègne des rythmes des ancêtres, quitte à les remanier, les découper, les recoller et les resservir de manière singulière. Il ratisse large, mais le langage demeure cohérent, sensible et rempli de surprises.

L'AFRIQUE
BLUES

Le blues rentre chez lui et redécouvre ses origines avec des instruments à cordes ancestraux ou une panoplie de percussions qui en font une musique doucement rythmée. Retrouvant toute sa grâce, il s'ouvre à d'étonnantes rencontres et il rêve des oasis les plus insolites. Le voilà qui coule de source aux abords du fleuve Niger.

TAJ MAHAL ET TOUMANI DIABATÉ

Kulanjan (1999)
Hannibal/Outside, HNCD 1444

À l'écoute de *Señor Blues* (Private Music, 1997) de Taj Mahal et de *Djelika* (Hannibal, 1994) de Toumani Diabaté, il est difficile de croire que les deux musiciens se sont réunis pour livrer en 1999 l'un des plus beaux projets qui soient tant leurs univers musicaux semblent au départ à des années-lumière l'un de l'autre. L'univers américain de *Señor Blues* est celui du blues folk, où l'on chante d'une voix rauque *Having A Real Bad Day* ou *Mind Your Business*, accompagné d'instruments modernes tels que guitare, harmonica, orgue, batterie. L'univers africain de *Djelika* est tout en finesse et fait entendre le son pur et gracieux de la kora, sorte de harpe-luth existant depuis plusieurs siècles et qui s'apparente en un sens aux instruments de la musique classique. Pourtant, on écoute *Queen Bee,* interprétée par Taj Mahal sur le premier disque, puis la reprise de cette chanson sur *Kulanjan*, jouée cette fois sans harmonica, accompagnée par la kora de Diabaté et la voix magnifique de la Malienne Ramatou Diakité, et on comprend vite que l'on va assister à une rencontre mémorable.

Il faut dire qu'il y avait un certain temps que le projet trottait dans la tête de Taj Mahal. Le chanteur et guitariste, que sa longue carrière a conduit à explorer différentes musiques (des Caraïbes à l'Inde, en passant par La Nouvelle-Orléans et Hawaï), était en effet curieux de remonter jusqu'aux racines africaines du blues depuis les années 1970, alors qu'il avait été frappé par la similarité entre sa façon de jouer de la guitare et celle dont on jouait de la kora. Des dizaines d'années plus tard, en Georgie, sept musiciens maliens, dont le prodigieux Toumani Diabaté (fils du koraïste Sidiki Diabaté qui a tant marqué Taj Mahal avec *Ancient Strings*), arrivent pour enregistrer avec lui.

Kulanjan témoigne de ce moment magique. En peu de temps, les musiciens s'entendent tout naturellement. À leur grand étonnement, la musique qu'ils jouent ensemble coule de source. Le lien entre le blues et la tradition musicale du Mali devient évident. Les textures se répondent, s'interpénètrent : le blues s'africanise, ou plutôt retrouve ses origines. En outre, deux traditions musicales du Mali qui forment les racines du blues se réunissent : la harpe du Wassoulou échange avec la kora et le n'goni des griots mandingues. Taj Mahal chante en anglais et même en français, Ramatou Diakité et Kassemady Diabaté lui font écho en wasulunke, en bambara, en maninka, etc. Le tout a une résonance profonde qui va bien au-delà de certaines rencontres transculturelles.

Des pièces sont composées par Taj Mahal, d'autres par Diabaté. Parmi les plus blues, on trouve *Ol' Georgie Buck*, fascinant blues proposé par Taj Mahal et que les Maliens transforment en une véritable musique wassoulou, et *Catfish Blues*, dans laquelle Diabaté improvise d'étonnante façon. *Fanta Sacko*, chantée en français dans le style cajun, propose le mariage parfait du piano et du balafon, ancêtre du xylophone. *Kulanjan*, pièce-titre du CD, est capitale puisque c'est ce morceau, joué par le père de Diabaté, qui aurait initié la démarche de Taj Mahal. *Take This Hammer* entremêle joliment les voix de Ramatou Diakité et du bluesman américain. Dans *Sahara*, dernière chanson de l'album, Taj Mahal conclut : « *When I think of the desert/the music takes me out/takes me back/to what I feel is my home/my people...* » On ne saurait être plus explicite.

Une autre rencontre concluante entre Toumani Diabaté et un Américain a eu lieu plus récemment. Sur *Malicool* (Soundscape), le tromboniste de free jazz Roswell Rudd échange avec le koraïste. Harpe-luth à vingt et une cordes, balafon, n'goni et djembe se joignent aux cuivres pour un résultat décapant.

Sur *New Ancient Strings* (Hannibal), Diabaté et son complice de toujours, Ballake Sissoko, reprennent la route tracée par leurs pères, grands joueurs de kora tous les deux.

ALI FARKA TOURÉ

Niafunké (1999)
Hannibal/Outside, HNCD 1443

Le légendaire musicien malien n'avait pas fait paraître de disque original depuis 1994, alors qu'il avait créé avec Ry Cooder le superbe *Talking Timbuktu*, un disque qui lui avait valu un trophée Grammy. La vie de tournée jumelée aux impératifs de l'industrie musicale lui avait coupé l'inspiration, disait-il. À la renommée internationale, le chanteur guitariste préférait l'exploitation de son domaine agricole à Niafunké. Or, constatant ce malaise, le producteur Nick Gold de la World Circuit a pris le taureau par les cornes en se déplaçant à Niafunké et en enregistrant chez Farka Touré à partir d'un studio mobile muni d'une génératrice et de câbles spéciaux pour combler le manque d'alimentation électrique dans le village. L'état de grâce est visiblement réapparu, et toute l'équipe a réussi à rapprocher la musique de sa véritable source, celle du Mali profond, celle de la terre. Celle d'un artiste authentique et sans concession qui loue les valeurs traditionnelles et qui joue pour défendre le soleil sacré du pays, beaucoup plus que pour tout l'or et tout l'argent du monde. Rempli de messages, le disque rend un véritable hommage au peuple malien, sans distinction quant à l'origine culturelle. Le créateur appelle au travail de la terre en s'adressant aux enfants du pays, exhorte les siens à ne jamais oublier d'emmener un frère à l'école. Tout y passe : le partage des destinées durant les nuits secrètes, la fin de l'apartheid. Tout, dans ce disque, relève de l'héritage et de la transmission du sage qui vit sa musique à travers sa terre. En ce sens, l'auteur-compositeur demeure à des années-lumière du blues américain.

Mais il en va autrement sur le plan musical. Comparativement aux albums antérieurs de Farka Touré, l'amateur ne se sentira pas vraiment dépaysé. Si *Niafunké* s'avère plus rustique et plus brut que jamais, on y trouve toujours cet effet de country blues si mélodique que l'on a comparé à la musique de l'Américain John Lee Hooker, que le Malien avait rencontré dans les années 1960 et dont il avait immédiatement remarqué la parenté musicale. Le disque annonce ses couleurs dès le départ : le maître d'origine songhaï chante, joue de la guitare électrique et n'est accompagné que par des percussions. La première pièce nous plonge dans une atmosphère très «racines» en dépit des couleurs électriques. Dans la suivante entrent en scène quelques instruments traditionnels dans une chanson à répondre, alors que le soliste se livre à un chassé-croisé avec des chœurs très présents. S'ils doivent parfois se contenter d'un rôle purement harmonique, les choristes répondent à l'occasion par des phrasés complets, accompagnent Farka Touré à l'unisson et chantent même de plus longs passages. Le ton est lancé. Tout au long du disque, les musiciens se livrent à de formidables dialogues entre guitare et violon, ou entre calebasse et congas. Quelques pièces sont plus rugueuses avec l'utilisation du violon traditionnel. D'autres rappellent davantage le folk acoustique. Partout, le jeu de la guitare est d'une telle fluidité qu'on se sent à l'aise de partager l'intimité d'un grand artiste qui nous accueille chez lui.

Ali Farka Touré a fait de son guitariste Afel Bocoum son héritier spirituel. Lors du passage de l'équipe de Nick Gold à Niafunké, Bocoum en a profité pour enregistrer *Alkibar* (World Circuit). Le disque dévoile les talents de musicien de Bocoum, qui partage avec son maître le caractère intimiste de la musique africaine.

ARTISTES DIVERS

Desert Blues 2. Rêves d'oasis (2002)
Network/SRI, 22.762

Les albums parus sous l'étiquette allemande Network offrent toujours une présentation soignée : belles photographies et texte fouillé accompagnent chaque livraison. Surtout, la maison propose sur chacun de ses disques un choix musical éclairé. Après un magnifique album intitulé *Desert Blues. Ambiances du Sahara* (Network, 1995) est sorti *Desert Blues 2. Rêves d'oasis*, tout aussi extraordinaire. Comme sur le premier disque double où figuraient Ali Farka Touré, Baaba Maal et Youssou N'Dour, cet album regroupe des grands noms de la musique africaine, dont Boubacar Traoré, Rokia Traoré, Habib Kioté, El Hadj N'Diaye, Cheb Mami et Djeli Moussa Diawara, en plus d'artistes moins connus.

Les musiques douces et envoûtantes proviennent toutes des pays avoisinant le Sahara : Maroc, Algérie, Égypte, Mali, Guinée, Sénégal, Soudan, Éthiopie. Chose étonnante, la diversité des pièces n'exclut pas une agréable homogénéité d'ensemble : le blues malien de Boubacar Traoré dans *Mouso tèkè soma ye* et *Baba dramé* y côtoie harmonieusement le reggae soudanais de la chanteuse Rasha dans *Azara al hay* ; le raï algérien de Kadda Cherif Hadria rencontre le jazz guinéen de Momo Wandel Soumah, artiste à la voix rocailleuse et surprenant saxophoniste qui a inspiré la publication de ce deuxième disque. Enfin, la voix de Youssou N'Dour se joint efficacement à celle de la chanteuse Yandé Codou Sène dans *Lees Waxul*.

Vingt-six pièces comme autant de ballades aux sons acoustiques, où la voix prédomine, accompagnée la plupart du temps par un instrument à cordes. Très souvent, il s'agit de la guitare, comme c'est le cas avec Boubacar Traoré, Grand-Papa Diabaté ou Mansour Seck, dont le nom est régulièrement associé à Baaba Maal. La kora y occupe une place de choix avec le Guinéen Djeli Moussa Diawara qui joue ici en compagnie du guitariste américain Bob Brozman. L'oud et le quanoun, sorte de cithare, se déploient eux aussi dans le superbe *Sufi Dialogue,* qui évoque le périple d'une caravane vers une oasis à portée de vue. À d'autres moments, la voix est rejointe par divers instruments. Mentionnons l'harmonica du Français Vincent Bucher qui accompagne, dans *Anunka ben* et *Wolodennu*, le chanteur Lobi Traoré, grand amateur du blues interprété par l'Américain John Lee Hooker. Les instruments varient, mais chacune des pièces vaut le détour. *Desert Blues* n'est pas un mirage. La beauté y est partout chez elle.

Aux côtés des Ismaël Lo, Baaba Maal, Cheik Lô, Toumani Diabaté, *The Blues Makers. Natural Blues II. A Journey Through African & American Blues* (Wrasse Records) présente les Bessie Jones, John Lee Hooker, BB King, Buddy Guy, Dinah Washington, Etta James. Tant en Afrique qu'aux États-Unis, une même histoire et une même passion : le blues.

BOUBACAR TRAORÉ

Maciré (1999)
Indigo/Festival, LBLC 2564 HM 83

De ce chanteur, guitariste et compositeur malien, Ali Farka Touré a dit ceci : « Si la note maximale est de cinq, je lui en accorde dix ! » En plus de cette gratification qui vient d'un musicien plus connu que lui à l'extérieur, bien que plus jeune que lui, les qualificatifs abondent pour louanger son œuvre. On le surnomme affectueusement « Karkar » en souvenir de ses exploits au football. On lui donne volontiers le titre de « père du blues malien ». Nous avons donc affaire à un véritable monstre sacré à qui les plus jeunes comme Oumou Sangaré, Habib Koité ou Rokia Traoré doivent tant. Après avoir composé dans les années 1960 *Mali Twist*, une pièce qui allait devenir l'hymne de toute une génération qui assumait l'indépendance nouvelle du pays, Traoré allait disparaître de la vie publique durant vingt ans. On ne lui rendait pas la vie facile puisqu'il n'était pas griot. Commença dès lors une période parsemée de cinquante métiers, cinquante misères. Il fut tour à tour tailleur, agriculteur, instituteur et agent agricole. Il fut même travailleur de la construction en France. Karkar finirait-il par être reconnu un jour ? Heureusement, les choses allaient se replacer.

En 1987, un journaliste malien le persuade de faire une apparition publique à la télévision nationale alors qu'on le croyait mort. Quatre ans plus tard, la maison anglaise Stern's lance sa carrière internationale avec *Mariama* (Stern's, 1994), et *Karkar* (Stern's, 1994), alors qu'en 1996 *Sa Golo* (Indigo) confirme les attentes des disques précédents avec une musique dépouillée et interprétée avec Baba Dramé, qui l'accompagne discrètement à la calebasse.

Maciré représentait un véritable défi. Les inconditionnels de Karkar allaient-ils accepter qu'il réalise un disque accompagné par un groupe ? Les musiciens participants allaient-ils dénaturer le style du maître ? Certains ont même cru déceler un « acte de trahison » comparable à celui que Dylan a commis lorsqu'il a introduit l'électricité dans sa musique. Mais le disque allait rapidement faire disparaître les inquiétudes puisque le chanteur à la voix de ténor rugueuse nous offre, en compagnie du groupe Bamada et d'Habib Koité, l'un de ses héritiers spirituels, toute la richesse d'un art profondément enraciné et porteur d'amour, de joie et de désespoir ; un art majeur livré une fois de plus avec dépouillement. Les musiciens de Koité, dans un geste respectueux, l'accompagnent avec beaucoup de discrétion, se contentant d'habiller la musique sans la travestir, la ponctuant de quelques coloris d'harmonica, de kamale n'goni ou de balafon, joué de façon magistrale par Kélétigui Diabaté, et de quelques instruments traditionnels qui accentuent le rythme sans en atténuer la douceur ni la sensualité. Quant à Karkar, sa voix est chaude, nuancée, ample et imprégnée d'un grain de tristesse. Il chante plus que les autres *bluesmen* maliens. Cela sert parfaitement des pièces très mélodieuses qui sont construites autour de quelques phrases musicales seulement. Se dégagent sagesse tranquille et force irrésistible, telle celle d'un tronc d'arbre qui résiste au temps et à l'invasion.

La trame sonore du film *Je chanterai pour toi* (Mélodie) présente Karkar qui part à la rencontre de ses amis. Le disque fournit l'occasion de mémorables réunions avec le chanteur et guitariste Ali Farka Touré dans son village de Niafunké, le koraïste Ballaké Sissoko, le balafoniste Kélétigui Diabaté et Rokia Traoré, l'une de ses protégées. De plus, l'album se termine avec deux pièces enregistrées à Radio Mali en 1963 dont la célèbre *Mali Twist*.

L'AFRIQUE BLUES

HABIB KOITÉ & BAMADA

Ma Ya (1999)
Putumayo/Koch, Putu 146-2

Pour les amateurs de musiques du monde, ce chanteur et guitariste malien fut l'une des révélations des Francofolies de Montréal en 1998. Depuis, *Ma Ya,* son deuxième disque, fut encensé par la critique et, après Salif Keita, Ali Farka Touré et Oumou Sangare, Habib Koité apparaît comme une force majeure de la musique malienne. Mais, contrairement aux musiciens qui ont ouvert la voie, Koité ne se contente pas d'interpréter ou de composer à partir d'une seule tradition malienne. En visionnaire qui trace les sonorités d'un nouveau Mali, il est l'un des premiers à prôner une démarche pan-malienne en s'inspirant à la fois des Mandingues, des Peuls, des Songhaïs et de plusieurs peuples du pays. Le processus d'apprentissage de toutes ces cultures ne relève pas d'une simple fantaisie, encore moins du collage à la mode. On sent le respect pour l'autre. Le chanteur et guitariste part de l'élément rythmique qui constitue la base de l'architecture sonore de chacun des styles, puis il en conserve la ligne mélodique. C'est la façon de développer le thème qui lui est personnel. On le connaît pour son côté folk, mélodique, *bluesy* et très doux.

Koité descend d'une famille de griots de l'ethnie khassonké, qui provient elle-même d'un métissage entre les Malinkés d'origine mandingue et les Peuls d'origine nomade. L'artiste se sent donc à l'aise avec les croisements musicaux. On trouve d'ailleurs dans sa musique le caractère intimiste des petits instruments peuls, des percussions plus grosses des Bambaras ou des Khassonkés et la kora mandingue.

De tous les musiciens maliens connus ici, Koité pourrait être celui qui possède le plus gros potentiel populaire. À la fois plus folk que Salif Keita (*Moffou* mis à part), calme, et moins *bluesy* qu'Ali Farka Touré, l'auteur-compositeur adapte les légendes ancestrales aux réalités sociales d'aujourd'hui. Musicalement, son jeu à la guitare s'inspire des deux principaux courants de son pays : les gammes heptatoniques des mandingues (à sept sons) et pentatoniques (à cinq sons) de plusieurs autres cultures. Sa technique de guitare emprunte aussi bien à la famille des n'gonis qu'à la harpe-kora, instruments traditionnels de différentes ethnies. Cependant, le son de Koité, qui est un guitariste de formation classique, se distingue de la majorité des guitaristes africains.

Ma Ya est un disque aux rythmes doux, souvent intime, plus acoustique que *Muso Ko* (Contre-Jour, 1995) et plus *bluesy* que *Baro* (Putumayo, 2001). Comparativement au précédent, on accorde plus d'importance à des instruments traditionnels tels la guitare chasseur de Wassoulou ou le balafon. L'esprit du troubadour contemporain rejoint celui des ancêtres mais, paradoxalement, la facture se rapproche davantage, à cause des harmonies, du folk occidental. Ici, rien n'est strident ni rugueux.

L'AFRIQUE BLUES

Habib Koité cite volontiers Francis Bebey comme l'une de ses influences majeures. Il y a de quoi puisque, de tous les artistes africains, il était, avant sa mort en 2001, à la fois l'un des plus grands, des plus indépendants, des plus éclectiques et des plus sous-estimés ici. Le disque *Dibiye* (Fonovox) fait nettement ressortir la personnalité d'un artiste à la croisée de la jungle pygmée et de la planète tout entière.

EXUBÉRANCE ET MÉLANCOLIE

Aux violons endiablés ou plaintifs se joignent les clarinettes tantôt enjouées, tantôt lancinantes, puis les cuivres joyeux, l'accordéon nostalgique... La musique, reconnaissable entre toutes, est faite d'envolées klezmer ou gitanes. Difficile d'y résister et de ne pas succomber à ses humeurs gaies ou tristes...

TARAF DE HAÏDOUKS

Band of Gypsies (2001)
Nonesuch/Warner, 79641-2

Ce disque marque le premier triomphe des membres du Taraf de Haïdouks chez eux en Roumanie, pourtant bien longtemps après leur consécration internationale. Depuis leur participation au film *Latcho Drom* en 1993, ils étaient devenus la figure de proue internationale de la musique du peuple rom. Comme sur les disques précédents, les violons, accordéons et cymbalums galopent, virevoltent et larmoient. Les voix sont déchirantes au possible. La pulsion est intense et l'esprit souvent tragique, en dépit d'un formidable swing et d'un sens peu commun de l'improvisation. On peut accélérer le rythme jusqu'à la vitesse de l'éclair ou remonter le temps jusqu'au Moyen Âge avec des ballades mordantes. Les lautaris, c'est-à-dire les chanteurs et musiciens traditionnels, sont tsiganes et descendants d'esclaves venant de Turquie ou de Grèce. On les a découverts séparément dans leur village de Clejani, au sud de la capitale, là où ils s'exécutaient en petits groupes dans les baptêmes, mariages et autres cérémonies communautaires. Deux Belges qui sont passés par là il y a plus d'une décennie n'en sont jamais vraiment revenus. Ils ont regroupé une douzaine de jeunes et vieux de vingt à soixante-quinze ans pour former un taraf, soit un orchestre à géométrie variable. Les vieux chantent et sanglotent en retrouvant leurs vieilles ballades, alors que les jeunes apportent le rythme et le dynamisme, provoquant ainsi l'une des tensions les plus créatrices qui soient.

L'Orchestre des bandits justiciers, que signifie « Taraf de Haïdouks », sillonnera la planète et obtiendra la consécration internationale. On les qualifiera même de « meilleur groupe tsigane au monde ». Mais la Roumanie boudera ces tsiganes qu'elle n'a pas choisis, le gouvernement leur préférant depuis toujours ses tsiganes officiels. Or, après trois disques et dix ans de tournées internationales, les Bandits réussiront à donner leur première série de concerts en Roumanie en décembre 2000. Les officiels et la critique ont enfin compris leur message et la réception fut enthousiaste.

Ils sont rentrés à Bucarest, où ils ont enregistré *Band of Gypsies*, un disque éclatant réalisé avec des invités de renom tels que le darboukiste turc Tarik Tuysuzoglu, le clarinettiste bulgare Fillip Simeonov et le Kocani Orkestar de Macédoine, qui participe à trois pièces. On n'a pas lésiné sur les collaborations pour accoucher d'une expérience panbalkanique hors du commun. Le reste, c'est l'affaire du Taraf, capté en direct. Dès le début, on nous rappelle le son de la fameuse corde de violon de *Latcho Drom* (Virgin, 1994) avant qu'un accordéon s'y joigne avec un tempo moyen. À partir de là, tous les musiciens feront valoir à tour de rôle leur fascinante virtuosité en formations à géométrie variable. Les ballades pénétrantes alterneront avec les rythmes frénétiques pour s'accélérer et atteindre le déchaînement total à l'avant-dernière pièce, alors que le Taraf se livre avec ses invités aux improvisations les plus délirantes. Ne restera que le temps de calmer le jeu pour conclure un concert qui demeurera gravé dans les annales. Les adorables bandits se seront finalement fait justice eux-mêmes… comme les personnages de leurs ballades.

Taraf de Haïdouks apparaît sur l'excellente compilation *Road of the Gypsies. L'épopée tsigane* (Network), un disque double qui propose le parcours européen du peuple de la route. De la Turquie à l'Espagne, de la Grèce à la France en passant par les Balkans, le répertoire est riche et diversifié. Il s'agit de l'une des meilleures introductions au phénomène des musiques tsiganes.

BORIS KOVAČ & LADAABA ORCHEST

Ballads at the End of Time (2003)
Piranha/Fusion III, CD-PIR1787

Le projet de Boris Kovač et du Ladaaba Orchest n'est pas le plus joyeux qui soit. Mélancolique à souhait, il a comme prémisse une hypothèse qui concerne rien de moins que la fin du monde. Quand on sait que Kovač est né à Novi Sad, en Serbie, et que l'œuvre est inspirée des temps agités vécus en ex-Yougoslavie il y a quelques années, on comprend la gravité du sujet ainsi que sa résonance particulière. *Ballads at the End of Time*, qui fait suite à *The Last Balkan Tango* (Piranha, 2001), est la deuxième partie de ce projet intitulé *La Danza Apocalypsa Balcanica*. Le premier des deux disques posait la question suivante : « Disons qu'il reste une seule nuit étoilée avant la fin du monde : que faisons-nous ? » Le second va plus loin et propose d'imaginer le matin qui suit l'apocalypse : sommes-nous toujours en vie ?

Le projet est à ce point prenant que Boris Kovač écrit à l'endos du deuxième disque espérer que plus jamais un thème pareil ne l'inspirera ! Est-ce dans ce sens qu'il faut considérer les hurlements tristes et lugubres des chiens dans la première plage du disque (et dans quelques autres), suivis bientôt d'un violon plaintif, puis d'une clarinette et d'un saxophone apocalyptiques ? Sous plusieurs aspects, l'œuvre est en effet totalement désespérée. « Il n'y a pas de passé, il n'y a pas de futur », est-il inscrit à l'endos du boîtier. C'est pourquoi des airs mélancoliques hantent l'ensemble du CD.

S'il est question d'apocalypse, il ne faut pas oublier que le projet parle de *danse* apocalyptique. Au bord du gouffre ou du précipice, l'invitation à la danse tient toujours. À côté du caractère éploré de cette musique se trouvent donc des moments joyeux, une musique pleine d'espoir. L'art de Kovač réside d'ailleurs en grande partie dans cette façon de faire cohabiter les deux mondes. Comme pour dire : « La situation est désespérée, mais gardons espoir, exorcisons la folie du monde, réaménageons ce qui n'est plus grâce à la musique. » Une aspiration dont viendrait témoigner le fait que Kovač soit lui-même rentré au pays après six ans d'exil pour contribuer à la reconstruction de la musique et du théâtre en ex-Yougoslavie, en dirigeant l'ensemble Ritual Nova et le Ladaaba Orchest, ainsi qu'en travaillant avec des étudiants.

Quelque part entre le classique, le jazz et la musique traditionnelle des Balkans, *Ballads at the End of Time* est une œuvre inspirée. On goûtera longtemps le leitmotiv délicieux qui traverse tout l'album, ses airs déchirants ou réjouissants rendus avec maestria par le saxophone de Boris Kovač, la clarinette de Bogdan Rankovič, l'accordéon de Goran Penić, le violon de Nenad Vrbaski (artiste invité). On voudra entendre le disque encore et encore.

L'étiquette allemande Piranha est reconnue pour l'excellence de ses choix musicaux. Sur *Piranha's World 2001/2002* (Piranha), on trouve une sélection des meilleures musiques d'un peu partout au monde : Brésil, Pays basque, Égypte, États-Unis, Mozambique, etc.

BRAVE OLD WORLD

Blood Oranges (1999)
Red House Records/Festival Distribution, RHR CD 134

Depuis trois décennies, les États-Unis sont le théâtre d'un renouveau du klezmer. Si, au début, une génération de musiciens juifs américains a remis à jour le répertoire des soixante-dix-huit tours, la tendance est maintenant à la création à partir de la tradition. Dans ce contexte, Brave Old World est l'un des plus passionnants groupes de cette mouvance. Si bien qu'avec la parution de *Blood Oranges*, le terme « klezmer » ne convient plus, selon les propres dires des membres du groupe, pour qualifier leur musique, tellement elle projette le genre vers des sentiers jamais explorés auparavant. Mais cela ne signifie pas qu'on ne sente plus le klezmer. Bien au contraire ! L'esprit original est maintenu avec une vigueur et une intensité telles que la musique s'élève de façon plus tranchante que jamais. La forme, elle, est constamment remodelée. L'approche musicale est empreinte d'une parenté avec la musique sérieuse, une approche théâtrale et des arrangements qui accordent une large place à l'improvisation ainsi qu'à plusieurs musiques européennes. Cela constitue d'ailleurs la marque de commerce de Brave Old World, qui se démarque totalement des musiciens juifs européens, plus enclins à la recherche de la tradition exacte, ou des Américains de la nouvelle génération qui fusionnent avec différentes formes de rock, de jazz contemporain ou de musique actuelle.

Composée de musiciens qui vivent en Californie, à Chicago, à New York et même à Berlin, la formation réarrange des pièces traditionnelles ou en compose d'autres en s'en inspirant. Tous ses membres sont reconnus comme des virtuoses de leurs instruments respectifs, ce qui leur a valu l'appellation de « super groupe » de la « New Jewish Music ». Quelques-uns d'entre eux sont passés par les groupes de klezmer les plus acclamés, tels le Klezmer Conservatory Band ou les Klezmatics.

Cela confère à Brave Old World une ouverture peu commune, et *Blood Oranges* le reflète bien. Jamais le groupe n'a parcouru autant d'espace sonore sans que la cohésion d'ensemble en soit altérée. Le disque révèle une formidable diversité d'atmosphères, de tempos, de rythmes et d'émotions. Tout s'enchaîne et s'interpénètre brillamment. On démarre avec une introduction pianistique lente et grave en attendant un violon qui sonne presque « classique », puis une clarinette de plus en plus lyrique. La soirée commence et le chanteur multi-instrumentiste Michael Alpert agit à titre de maître de cérémonie. Une formidable envolée à la clarinette ponctue la pièce suivante avant que l'arrivée d'un duo violon-clarinette permette d'entrer plus en profondeur. Car le groupe possède le secret de ces remarquables paires d'instrumentistes. On en retrouve plus tard entre un cymbalum léger et un piano plus tragique, entre une clarinette mélancolique et un piano lyrique… Tout est ici affaire de contraste. L'univers classique se transforme instantanément, à l'unisson avec les envolées improvisées. Une basse électrique très fluide rappelle l'esprit de certains instruments orientaux. Des couleurs de tangos allument les passions alors que le groupe s'éclate un moment, tout en swing, dans la fête latine.

Les noms de Michael Alpert et Alan Berg, deux membres de Brave Old World, sont également associés à Kapelye, l'un des premiers groupes américains issus du renouveau klezmer à avoir enregistré un disque. Sur *Old Time Jewish American Radio* (Shanachie), le groupe retrace la musique de la communauté juive américaine enregistrée à la radio depuis les années 1920. Fidèle à ses habitudes, Kapelye interprète klezmer, chansons folks et chansons du théâtre yiddish.

FRANK LONDON'S KLEZMER BRASS ALLSTARS

Brotherhood of Brass (2002)
Piranha/Fusion 111, CD-PIR1683

Frank London possède-t-il le don d'ubiquité ? Trompettiste et arrangeur hors pair, il est de toutes les initiatives klezmer, sans parler de ses nombreuses participations à des projets de théâtre, de cinéma, d'opéra et de ses multiples collaborations avec des artistes comme David Byrne, Gal Costa, John Zorn, etc. Leader des groupes The Klezmatics et Hassidic New Wave, ex-membre du Klezmer Conservatory Band, de Brave Old World, des Miserables Brass Band et de bien d'autres formations, le New-Yorkais participe activement au renouveau de la musique juive. Comme si cela n'était pas suffisant, le musicien a mis sur pied un projet personnel qui réunit les plus grands joueurs de cuivres du klezmer américain : le Frank London Klezmer Brass Allstars.

Premier disque réalisé par Frank London Klezmer Brass, *Di Shikere Kapelye* (l'orchestre ivre) (Piranha, 2000) rendait hommage avec beaucoup de clins d'œil et d'humour à un orchestre de cuivres juif du XIXᵉ siècle, qui a influencé l'évolution de la musique klezmer. Avec le second disque, *Brotherhood of Brass*, London s'engage dans un vaste projet. Rassemblant autour de lui le Boban Marković Orkestar, orchestre de cuivres serbe, et le Hasabella Brass Band, orchestre égyptien, le musicien désire unir les cultures juive, tsigane et arabe en retrouvant en quelque sorte leur origine commune, celle d'avant la tour de Babel !

Rien à craindre, le projet est une véritable fête, un feu d'artifice, une pétarade de cuivres exaltés. Le rassemblement festif donne lieu à de beaux échanges allumés, peu orthodoxes mais tout à fait convaincants. De nouveau, Frank London prouve qu'on peut tout aussi bien et parfois mieux servir la musique en inventant et en créant plutôt qu'en demeurant fidèle aux arrangements traditionnels, scrupuleusement suivis à la lettre par souci d'authenticité. Seul ou aidé par le trompettiste Marković et d'autres, il propose les arrangements les plus fous, les plus débridés, qui rendent étonnamment vivante cette musique.

Les pièces jouées avec le Boban Marković Orkestar, gagnant pendant des années du Festival de cuivres de Guca en Serbie, sont parmi les plus explosives, comme en témoigne *Freylekhs – Cocek #5*. On y retrouve l'exubérance tsigane bien que certaines pièces jouées uniquement par le Frank London Klezmer Brass Allstars ne soient pas en reste, ainsi que le démontrent *Wedding in Crown Heights* ou *A Freylekhs Nokh Dem Khuppah* (Rapide danse de mariage). Même la mélancolique *Shalom Aleykhem*, chantée par Susan Sandler, n'échappe pas à la règle tant son désespoir est grand. Quant au Hasabella Brass Band, il participe de bon cœur à cette fête débridée avec *Imayel Ya Khail*, qui donne à entendre la joyeuse et arabisante clarinette en métal de Abd Elhamid Kamel. Selon le terme utilisé par London et Marković, on ne saurait trouver un « répertoire transnational » plus vif et séduisant.

Issu du « New Jewish Music Movement », le groupe The Klezmatics dirigé par Frank London se distingue des autres formations klezmer. Ancré dans la tradition mais ouvert à la modernité, le groupe entremêle sur *Possessed* (Xenophile) le klezmer avec d'autres formes, comme le rock, le dixieland, le be-bop, la musique du Moyen-Orient et même la musique classique. Un mélange savoureux.

NEW ORLEANS KLEZMER ALLSTARS

The Big Kibosh (1997)
Shanachie/Koch, Shanachie 6026

On sait la musique klezmer capable d'exubérance ; on connaît ses envolées lyriques souvent joyeuses, ses rythmes fous. Certains groupes issus du renouveau de la musique klezmer en ont témoigné, dont The Klezmatics et le Frank London Brass Band Allstars, qui ont insisté notamment sur le caractère festif d'une telle musique. À ce sujet, un autre groupe mérite l'attention : le New Orleans Klezmer Allstars, formation de La Nouvelle-Orléans née dans les années 1990. En 1994, le New Orleans réalise un premier album éponyme (Strechx). Le deuxième, intitulé *Manichalfwitz* (Gert Town Records), sort en 1996 ; il est suivi en 1997 par *The Big Kibosh*.

Groupe à part, New Orleans propose un klezmer *funky*, où ne sont pas absents humour et folie. Il y mélange le klezmer traditionnel avec une pointe de jazz swing ou moderne, des sonorités parfois orientales et, bien entendu, les rythmes et les couleurs de La Nouvelle-Orléans, où l'on reconnaît la musique de parade et de mardi gras, de même que le dixieland. Participant de ce courant qui intègre des éléments de musique américaine au klezmer traditionnel, il se particularise encore par cet apport qui vient du sud des États-Unis. Il suffit d'écouter *The Big Kibosh* pour être convaincu sans difficulté qu'il produit un son nouveau, dynamique et énergique, la plupart du temps joyeux et dansant.

Comme dans plusieurs formations klezmer, la clarinette, brillante, donne le ton et mène le bal. Elle est jouée par Robert Wagner, à qui l'on doit presque la moitié des compositions. Viennent ensuite le saxophone de Ben Ellman, le violon de Rick Perles et l'accordéon de Glenn Hartman, qui, avec la batterie, confèrent à l'ensemble ce son de La Nouvelle-Orléans.

Avant *The Wedding Suite* qui formera les deux tiers des morceaux, il y a cinq pièces. La pièce d'ouverture, ahurissante et frénétique, se classe dans une catégorie à part. Suivent deux morceaux dont l'esprit est en grande partie klezmer. Après viennent *Klip Klop*, l'une des pièces les plus remarquables du disque, à la fois jazz, klezmer et louisianaise, et *Lullaby*, morceau beaucoup plus calme qui rappelle d'abord l'Europe de l'Est, puis évoque quelque peu la musique accompagnant les convois funéraires dans les rues de La Nouvelle-Orléans. Autre pièce plus lente : *Transition to Buffet*, issue de *The Wedding Suite* et qui succède au débridé *Di Zilberne Chasene*. Dans *Taking the Flower* et *D'Bronx Tantz*, on remarque plus particulièrement la clarinette rieuse et moqueuse. *This One…*, *The Trio* et *…Goes to Eleven* ont des accents de jazz moderne prononcés. Quant à *Bweep, Bweep*, on a peine à croire qu'il s'agit d'un morceau traditionnel tant les arrangements proposés ici sont éclatés.

Originaire du Canada, le Flying Bulgar Klezmer Band est dans la même mouvance que le New Orleans Klezmer Allstars. Il offre sur *Agada* (Flying Bulgar Recordings) un klezmer qui allie tradition et modernité, musique américaine (dont le jazz) et musique juive classique.

FLEUR D'ORANGER, TAPAS ET OUZO

Qu'ont en commun des pays joints par une même mer ? D'abord et avant tout, un certain art de vivre. Baignées par la Méditerranée, les contrées que l'on retrouve ici partagent une musique gorgée de soleil, luxuriante, portant parfois en elle un certain sens du tragique, sans doute hérité de l'Antiquité...

MARÍA SALGADO

Siete Modos De Guisar Las Berenjenas (1999)
Nubenegra/Allegro, INT 32682

Castillane, María Salgado ne se contente pas d'occuper le cœur de l'Espagne, qui est pourtant si riche en tradition musicale. Pour sa première œuvre, *La Sal de la Vida* (Nubenegra, 1997), elle se joignait aux chanteuses Uxia (de la Galice, au nord de l'Espagne) et Rasha (originaire du Soudan, vivant maintenant en Espagne). Ensemble, elles mettaient en commun leur répertoire et chantaient principalement en espagnol et en portugais les chansons des unes et des autres. Suivait un deuxième disque, solo celui-là, consacré cette fois aux musiques cubaines : *Mirándote* (Nubenegra, 1999).

Avec *Siete Modos De Guisar Las Berenjenas* (sept façons de faire cuire l'aubergine), María Salgado est résolument méditerranéenne. Tout, dans ce disque, fleure bon la Méditerranée, à commencer par cette aubergine cuite au vin par l'oncle Cerasi. Les pièces, issues du répertoire traditionnel, proviennent autant de la Grèce que du Maroc, en passant par le León et, bien entendu, la Castille. On y retrouve de l'allégresse, du soleil et beaucoup d'amour, sujet principal de ses chansons, thème éternel s'il en est un. De ballade en ballade, nous sommes sous le charme.

La voix inspirée de Salgado est belle, claire et posée, tantôt légère, tantôt grave. Guitare, hautbois, saxophone, darbouka, bendir, vièle-à-roue, cistre, tambourin, cornemuse appuient la chanteuse, sans jamais couvrir sa voix. Ils le font sobrement, en dépit des ornementations recherchées qu'ils produisent. Folklore, ici, rime avec raffinement et sens de la mesure.

Outre la chanson éponyme d'origine grecque, il y a *Al Aire*, pièce légère tout en douceur, où la voix d'Eugenio Rodríguez et le sifflet, qui évoque l'Irlande même si la pièce provient en réalité de Salamanque, répondent à la chanteuse. *A la Medianoche,* dont l'instrumentation rappelle le Maroc et le passé arabo-andalou de l'Espagne, présente une María Salgado plus tsigane. Plus sobre, tout en retenue, *Aunque no te vi llegar* met en valeur hautbois et guitare aux côtés de la voix sensible de la chanteuse. *El Baño de la novia*, qui provient de Tanger, évoque, à l'instar de *A la Medianoche*, les arrangements produits par Radio Tarifa, ce groupe espagnol attiré par le métissage des musiques, notamment marocaines. Dans *Canto de siega*, vièle-à-roue, claviers et voix de Rodriguez accompagnent seuls Salgado dans cette chanson troublante et émouvante. Dans *Dia de Hilar*, musique de danse, on remarquera l'étonnant mariage entre le saxophone et la cornemuse. *Sólo por miedo* fait entendre une guitare qui emprunte un moment les sonorités du bouzouki, avant de céder la place aux graves violoncelles. Dans *Adio Querido*, la voix émue de María Salgado n'a jamais été si touchante. *Amor Amor*, plus espagnole, entremêle elle aussi cornemuse et saxophone, mélange fort séduisant. Bref, chaque pièce nous réserve son lot de surprises. Un disque à écouter quand le soleil vient à manquer.

Putumayo a fait paraître *Cairo to Casablanca*, une compilation regroupant des musiciens venant des pays du sud de la Méditerranée. Sur *A Mediterranean Odyssey. Athens to Andalucia* (Putumayo) se trouvent rassemblés des artistes du nord de la grande bleue, de la Grèce à l'Espagne, en passant par l'Italie et la France : María Salgado, l'Espagnol Luis Delgado, les Français de Barrio Chino et de Lo'Jo, les Italiens de Novalia, le Grec George Dalaras.

CHEIKHA RIMITTI

Nouar (2000)
Sonodisc/Musisoft, CDS 7396

Mère spirituelle du raï, Cheikha Rimitti a commencé à chanter bien avant tous les Cheb (jeunes) Khaled, Mami, Faudel... Dans les années 1950, elle choquait déjà l'honnête société en gravant chez Pathé *Charrak Gataa*, une attaque contre le tabou de la virginité. Aujourd'hui, à quatre-vingts ans, elle représente l'essence même de ce genre né en Algérie, dans la région d'Oran. Pourtant, il aura fallu du temps pour que l'on reconnaisse son apport, plusieurs pillant son style et ses créations pendant des années sans lui donner aucun crédit en retour.

L'histoire de Cheika Rimitti commence en 1923, à Tessala, village situé dans l'Ouest algérien. Très vite, l'enfant devient orpheline. À vingt ans, on la retrouve à Relizane, une grande ville où elle dort dehors et mange quand elle le peut. C'est à ce moment qu'elle suit une troupe de musiciens ambulants et commence à chanter et à se produire dans les mariages. Bientôt, elle est connue dans toute l'Algérie. Elle chante autant la rudesse de la vie que les plaisirs de l'amour, de la fête et de l'alcool. Prolifique, elle enregistre des centaines de cassettes et de quarante-cinq tours. Mais quand arrive l'Indépendance, Rimitti subit la censure. Autour des années 1980, elle s'exile à Paris et chante dans les cafés du dix-huitième arrondissement. Et comme pour donner le change à ces jeunes qui entament une nouvelle ère du raï, un raï plus électrique, plus pop ou rock, Rimitti enregistre *Sidi Mansour* (Absolute Records, 1994), un disque produit par Robert Fripp, le guitariste de King Crimson.

Avec *Nouar*, la chanteuse revient à ses anciennes amours et s'entoure d'instruments traditionnels comme la gasba ou le gallal, mais bénéficie aussi d'une instrumentation moderne qui comprend clavier, guitare et batterie. Produit par Gafaïti, l'album sonne moderne tout en restant ancré dans la tradition du raï pur.

Les paroles des chansons écrites et interprétées par Cheikha Rimitti témoignent en un sens de cet équilibre entre contemporanéité et tradition : les propos modernes sont transmis dans un style et une forme que ne renieraient pas les cheikhate des années 1940 et 1950. Ponctuées d'onomatopées et de halètements sans équivoque, les chansons d'amour empruntent une poésie parfois surannée ou métaphorique où il est question de chevalier et de fleurs au goût de miel. Qu'on ne se méprenne pas, la vieille dame a tout de même conservé son goût de la provocation et son franc-parler : celle qui sait «faire la différence entre la salive mielleuse et la salive amère», qui veut «banco» son «chéri de Paris [parti] aux *States*», est aussi capable de dire à son bien-aimé qu'elle a choisi au détriment du «friqué» qu'aurait souhaité sa mère : «assure ou décampe [...]. J'ai souffert et enduré, stop !/j'en veux plus.»

Artiste-phare de la jeune génération algérienne, Souad Massi réussit, avec des instruments électriques et acoustiques, à orner harmonieusement ses chants engagés de folk et de rock léger, de châabi et d'autres couleurs algériennes. Sur *Raoui* (Island), elle exprime avec beaucoup d'humanité la douleur qui la consume, dénonce l'intégrisme et raconte la déchirure d'un pays.

RICCARDO TESI & BANDITALIANA

Thapsos (2001)
Felmay Records/Festival, 21750 8034 2

Bartók s'est inspiré des traditions populaires hongroises pour créer une musique classique nouvelle. Piazzolla est allé au-delà du tango pour faire éclater le genre et le projeter vers le jazz et la musique contemporaine. De son côté, Tesi ne sera sans doute jamais considéré comme un compositeur de musique sérieuse. Pourtant, son approche relève du même genre de clairvoyance, celle des artistes visionnaires qui demeurent enracinés tout en se démarquant nettement du terroir. Un pied dans le folklore, l'autre au ciel ! Car le compositeur italien écrit avec beaucoup de mémoire une musique d'aujourd'hui qui tire son origine de l'Italie, avec ses rythmes de tarentelle ou de saltarelle, qui s'imprègne de jazz, de chansons ou de couleurs méditerranéennes, et qui se laisse porter jusqu'en Afrique et en Inde.

À la fois figure dominante du folk italien et virtuose du mélodéon — l'accordéon qui est à l'Italie ce que la musette est à la France —, Tesi ne s'est jamais contenté de ses seules racines. D'ailleurs, où sont-elles réellement ? Dès le départ, ce musicien originaire de la Toscane a dû déménager ses pénates au sud du pays, de même qu'en Sardaigne, pour apprendre son instrument, parce que cette tradition n'était pas implantée dans sa région natale. Cette nécessité de sortir pour tendre la main, apprendre et mettre en commun se manifestera tout au long de sa carrière. Après un disque solo et une participation remarquée au sein du groupe Ritmia dans les années 1980, Tesi se trouvera plusieurs complices hors de son bercail. Des collaborations soutenues avec des musiciens comme le Français Patrick Vaillant, l'Occitan Jan-Mari Carlotti, le Basque Képa Junkera ou l'improvisateur italien Gian-Luigi Trovesi lui donneront suffisamment de recul pour le convaincre de rentrer chez lui et de former pour la première fois un groupe composé de musiciens toscans.

C'est donc avec le quartette Banditaliana qu'on le retrouve à l'aube du nouveau millénaire. En dépit de leur origine commune, les musiciens partagent la volonté de briser les frontières. Le guitariste Maurizio Geri possède un sens mélodique inné et beaucoup de fougue. Le saxophoniste Claudio Carboni apporte une compréhension du jazz et une diversité dans les teintes, alors que le percussionniste Ettore Bonafè mise sur la vision mondialisante. Il joue également du vibraphone avec classe et délicatesse. De son côté, Tesi travaille tout en profondeur, variant les ambiances, passant des rythmes les plus allègres aux atmosphères les plus légères, ainsi qu'aux ballades les plus tristes avec un jeu très vivant et subtil, parfois rythmique, parfois très ornementé. Il y invite une pléiade d'excellents musiciens. Cela confère toute une panoplie de textures : plus improvisées ou plus classisantes, plus italiennes ou plus internationales, c'est selon. Le disque débute par un hommage très sautillant à la musique malgache. On lorgne par la suite vers une musique jazzée plus décontractée, une chanson d'amour avec de mordantes harmonies vocales à l'italienne, du folk métis, des rythmes orientaux, un appel public à la fête en imitant le son d'un mégaphone, quelques notes de swing manouche et une berceuse à la toute fin. Comme le soleil qui se retire doucement du carnaval.

Le formidable accordéoniste basque Képa Junkera fait partie de la famille musicale de Riccardo Tesi. *Bilbao 00:00h* (Alula) s'avère l'un de ses meilleurs disques. Au programme, plein de rencontres, souvent magistrales, avec des musiciens accomplis d'un peu partout. Ainsi, quelques membres de La Bottine Souriante croisent le fer avec Junkera tout comme le font l'Américain Béla Fleck, l'Irlandais Paddy Moloney, le Malgache Justin Vali, les Suédois d'Hedningarna et nombre d'autres.

FARAUALLA

Faraualla (2001)
Amiata Records/Fusion 111, ARNR 499

Elles sont quatre femmes : Cristina Palmiotta, Gabriella Schiavone, Maristella Schiavone, Teresa Vallarella. Un percussionniste les accompagne : Pippo «Ark» D'Ambrosio. Pas un instrument dont il ne joue : tambour, tar, gong, shekere, djembe, riq, bendir, oudou, clave, cloches… En sa compagnie, elles proposent la musique la plus originale et la plus singulière qui soit. Leurs instruments à elles, ce sont leurs voix. Elles vont en pousser l'exploration aussi loin que possible, dans les directions les plus diverses.

Né en 1995, le groupe Faraualla provient du sud de l'Italie, dans la région des Pouilles. Les quatre femmes se sont rassemblées pour explorer les capacités de la voix humaine comme instrument. *A capella*, elles chantent aussi bien leurs propres compositions que des chansons traditionnelles italiennes ou méditerranéennes, dans des langues réelles ou imaginaires. Leur façon de chanter nous entraîne tantôt du côté des polyphonies corses ou de la musique ancienne, tantôt du côté des voix bulgares ou même de ces voix enfantines jouant et chantant. Leurs admirables voix sont éthérées, mélancoliques, mystérieuses, passionnées, raffinées, enjouées. Quant aux rythmes empruntés, ils sont variés et cheminent de l'Italie à la Russie, parfois jusqu'à l'Afrique, voire l'Amérique. L'ensemble dresse, au bout du compte, un étonnant portrait de la Méditerranée.

Toutes les pièces de *Faraualla* valent le détour. *Tonga*, premier morceau, est saisissant : d'emblée, il met en scène ces voix particulières ; l'une d'entre elles semble même reproduire le son du *scratch*. *Rumelaj* reprend sur un ton beaucoup plus sérieux et profond une chanson traditionnelle hongroise rom. Déjà se pointent ces voix bulgares que l'on retrouvera dans un certain nombre de pièces. *Vrlicko Kolo*, chant insolite en provenance de la région adriatique, évoque une lente procession religieuse. *Elleipseis*, composition originale écrite en langue imaginaire, ressemble à une musique ancienne où interviennent, vers la fin, des rythmes africains surprenants. Avec *Szerelem*, impossible de passer à côté de ces voix bulgares mystérieuses. *Uecumbà* introduit pour sa part ces voix enfantines dont nous parlions : la chanson est une adaptation vocale amusante de jeux d'enfants, sans instrumentation. *Maha Te Song* reprend un air traditionnel sur des rythmes africains marqués par un djembe et des cloches. *Spirits*, lui, remonte au pays des Amérindiens ; en fond sonore, on entend la respiration des chanteuses. *Questa Fanciull'Amor* est une touchante ballade du XIVe siècle qui met en valeur les voix pures et cristallines de Faraualla. *Eramo in Campu*, chant traditionnel corse *a capella*, rappelle les célèbres polyphonies. Quant au charmant *Fescenne*, qui débute avec d'étonnantes onomatopées imitant jappements et hurlements, il se poursuit avec une musique des îles qui lorgne du côté des Antilles. D'autres pièces aussi intéressantes pourraient encore être évoquées… Un disque fabuleux à découvrir sans faute.

Dans la région des Pouilles, complètement au bas du talon de l'Italie, l'ethnomusicologue Alan Lomax a entrepris dans les années 1950 un voyage d'un an. Pendant cette période, il a enregistré femmes et hommes, pièces instrumentales et chants polyphoniques, chansons d'amour et de haine, chansons érotiques et satiriques, chants de travail et chants funèbres. *Puglia : The Salento* (Rounder Records) retrace aujourd'hui ce voyage.

ANGÉLIQUE IONATOS

D'un bleu très noir (2000)
Naïve/SRI, B 6900

Alors que la Grèce est sous le contrôle des colonels, Angélique Ionatos est arrachée à son pays, un exil forcé dont elle se remettra à grand-peine. Adolescente, elle suit donc, en 1969, sa famille en Belgique, puis en France. C'est là qu'elle chante quelques années plus tard une Grèce qu'elle réinvente, d'abord en français, puis dans sa langue maternelle. L'aventure dure maintenant depuis trente ans. Accompagnée de sa guitare, elle interprète de sa voix grave, profonde et ample ses propres compositions et plusieurs poètes grecs, dont Odysseus Elytis, Prix Nobel de littérature en 1979, et Sappho de Mytilène, à qui elle a consacré un disque en 1991.

Loin des clichés, Ionatos évoque souvent ce pays ensoleillé et baigné par la mer. En 1994, sur le superbe *Mia Thalassa* (Auvidis), elle chante les vers de la poétesse Dimitra Manda, qui magnifie la mer au moyen de petits textes simples et lumineux mis en musique par le compositeur Mikis Theodorakis (à qui on doit la musique du film *Zorba le Grec*). Plus récemment, sur *Chansons nomades* (Mélodie, 1997), elle proposait des ballades populaires méditerranéennes (grecques, espagnoles, arabo-andalouses, françaises). Selon Angélique Ionatos, elle y chantait la «phase solaire» de la Méditerranée. D'un bleu très bleu.

«Le côté tragique de la Méditerranée», sa «phase lunaire», ses couleurs sombres, c'est ce que l'on retrouve sur *D'un bleu très noir*. Sorte de blues grec, l'œuvre raconte plusieurs destins douloureux. Il y a celui de Rosa Luxemburg voulant «sauver le rêve»; celui de Marie voulant protéger son fils de la méchanceté des hommes; celui de cet être dont le cœur souffre et bat en vain; celui de Marie des brumes qui est «belle comme le désespoir». Des images également sombres défilent: le vent du nord qui glace les ailes, le chant du rossignol méprisé, les sanglots des anges, des îles sans ciel... Nous ne sommes pas ici du côté de la tristesse et de la mélancolie passive, nous sommes dans le tragique. Nous abordons la beauté tragique du malheur, liée à la passion de dire et de se révolter. Angélique Ionatos est une chanteuse entière, intense, qui pratique son art avec ferveur et passion.

La prestation des musiciens qui accompagnent Ionatos sur ce disque bouleversant est exceptionnelle: Henri Agnel, complice de longue date, est aux cordes pincées, Éric Chalan à la contrebasse, Michael Nick au violon, Bruno Sansalone à la clarinette, César Stroscio, membre du Cuarteto Cedron, est au bandonéon. L'instrumentation, qui diffère d'un disque à l'autre de la chanteuse, revêt ici une couleur de circonstance, emprunte un son qui convient parfaitement au propos. Émotion, lyrisme, grandeur et force caractérisent le jeu des musiciens. Le bandonéon rappelle d'outre-mer le tango sensuel et passionné, notamment dans *Me kourelaki*; la clarinette se fait l'écho de la voix tragique dans *I aria tis rosas*; le violon, parfois klezmer, demeure le plus souvent plaintif (*I poni tis panaghias*). Cistre, et derbouka tirent la Méditerranée du côté de l'Orient (*Mavra matia*). Sur la palette du peintre, que du bleu et du noir, mais leur mélange crée d'infinies nuances, comme nous le rappellent encore l'émouvante *To tragoudi tis limnis* et la touchante berceuse *Nana*.

Récompensée par de nombreux prix en France, Angélique Ionatos reste encore aujourd'hui méconnue en Grèce. On ne peut en dire autant de Haris Alexiou, chanteuse qui appartient à la même génération que Ionatos et dont la popularité dans son pays est très grande. On comprendra pourquoi en écoutant *Nefelis Str.'88* (Polygram).

BURHAN ÖÇAL ET LE ISTANBUL ORIENTAL ENSEMBLE

Caravanserai (2000)
Network/SRI, 36.990

Créée par le phénoménal percussionniste turc Burhan Öçal, la formation que l'on appelle également l'Ensemble des tsiganes d'Istanbul fut l'objet des dithyrambes les plus senties de la part des amateurs de musique rom aussi bien que des médias. D'abord connue en Allemagne, elle a gagné trophée sur trophée après la parution de *Gypsy Rum* (Network) en 1996 et de *Sultan's Secret Door* (Network) deux ans plus tard. À l'origine, le répertoire était surtout ponctué de pièces traditionnelles tsiganes que l'on retrouvait en Turquie, au nord-est de la Grèce et au sud de la Bulgarie. Cela s'explique aisément, puisque les musiciens du peuple de la route ont repris et façonné ces musiques depuis un millénaire. Mais on découvre maintenant de plus en plus de compositions originales au sein du répertoire de l'Istanbul Oriental Ensemble. *Caravanserai* ne renferme d'ailleurs qu'une pièce traditionnelle, celle qui conclut l'album.

Vu l'immense succès d'estime des deux disques précédents, le risque était grand. Öçal opte ici pour un album concept qui retracera le parcours imaginaire de caravanes qui s'arrêtent à une oasis pour faire la fête et conter fleurette. La création est dédiée à Ferdi Nadaz, un excellent clarinettiste de musique rom et ex-membre de l'ensemble, décédé après l'enregistrement. On peut d'ailleurs l'entendre chanter en imitant un muezzin dans une des pièces. Il s'agit de la seule captation de sa voix sur disque. Nadaz, comme tous les membres de l'ensemble, possède les qualités d'un véritable virtuose de son instrument. Le résultat est tel que l'observateur doit attendre solos et duos pour le remarquer. Aucun musicien ne ressort plus que les autres et tous jouent aussi bien ensemble qu'individuellement une musique qui laisse beaucoup de place au taksim, c'est-à-dire à un type d'improvisation débordante qui divulgue toute la gamme des sentiments.

Un rythme appuyé annonce l'arrivée de la caravane au tout début du disque. On situe l'ensemble, on varie les tempos, on dégage une flûte kaval en guise d'improvisation, puis on augmente la cadence. Les musiciens débarquent et flânent au bazar en s'accordant assez d'espace pour mettre en valeur leurs instruments respectifs, soit l'oud, le quanoun, la flûte et les percussions. Par la suite, un riche marchand célébrera le mariage de sa fille. La fête peut commencer et les musiciens l'animeront gaiement avec des rythmes débordants soit, mais également avec des airs de romance qu'ils offriront pour séduire une jolie brodeuse ou charmer la fiancée. Cette histoire sera l'occasion de formidables ornementations sonores. Le quanoun rappellera la sensualité de la harpe. Le flûtiste se fera plus méditatif. La clarinette et le violon nous rapprocheront parfois de l'ambiance du mariage bulgare. De son côté, Burhan Öçal, le maître, se livrera à un fantastique exercice de style dans une pièce où il explorera au maximum toutes les possibilités de la derbouka en changeant les rythmes à profusion, en jouant sur tous les rebords de l'instrument, en variant les sonorités et en se livrant à des accélérations galopantes.

En plus de l'Istanbul Oriental Ensemble, Burhan Öçal varie les collaborations avec des musiciens aux styles les plus divers. Sur *Groove Alla Turca* (Night & Day), il s'associe à Jamaaladeen Tacuma, un bassiste free jazz-funk alors que son groupe rencontre une solide section de cuivres jazz. Avec Pete Namlook, il a créé *Sultan Osman* (Emarcy), un mélange tout en contrastes à partir de la musique ambiante.

MUSIQUE
DES ÎLES

Des îles, il y en a de toutes sortes. Exotiques, elles sont parcourues de sons qu'on ne trouve nulle part ailleurs. Des paysages de l'île Maurice à l'île de Madagascar, en passant par le Cap-Vert et l'île de la Réunion, découvrons ces rythmes d'un monde lointain qui nous parlent pourtant de si près...

ARTISTES DIVERS

Island Blues. Entre mer et ciel (2002)
Network/SRI, 21.292

Certaines musiques sont reconnaissables entre toutes. C'est le cas de la morna cap-verdienne, du son cubain, des chants polyphoniques corses. Dès les premières notes, on goûte leur caractère unique. Pourtant, les musiques que nous évoquons ici ont un point en commun, celui que partagent les musiques de Sumatra et de l'Irlande, de Madagascar et de la Nouvelle-Guinée, à savoir leur origine insulaire. Le voyage proposé présentera la spécificité de chacune de ces musiques des îles en même temps qu'il reconnaîtra à leurs habitants des ressemblances, notamment leur fierté d'avoir remporté une victoire sur les éléments de la nature, leur détermination à lutter pour conserver leur culture face aux conquérants, leur sentiment d'être plus près du ciel. L'idée générale de cette compilation, si on en croit le livret, est d'aller à la découverte des espaces musicaux de cinq grandes régions pour y faire halte tranquillement.

Le parcours débute avec les îles ceinturant l'Afrique : il s'agit des Comores, de Madagascar, de l'île de la Réunion et de l'archipel du Cap-Vert. Le voyage commence en beauté avec *Bwana*, du chanteur Baco, à la voix frêle et sensible. Il se poursuit avec Jean Émilien, Bob Dylan malgache jouant harmonica et kabossy, petite guitare traditionnelle. Puis vient Vaovy, projet qui réunit plusieurs musiciens, dont l'accordéoniste Régis Gizavo, qui a aussi joué auprès de Manu Dibango, de D'Gary et du groupe corse I Muvrini. De la Réunion, on entend Danyel Waro qui chante en créole *Sanm Ou*, un maloya, blues très percussif dont l'origine remonte au temps de l'esclavage sur les plantations de canne à sucre. Pièce suivante, la morna cap-verdienne fait son entrée ; elle est interprétée par Titina,

chanteuse qui a participé à *Miss Perfumado* (Ha Ha, 1992) de Cesaria Evora, celle qui a popularisé le genre partout. À l'horizon se pointent bientôt les Caraïbes, qu'on ne saurait rater quand se font entendre les premières mesures des pièces cubaines interprétées par le Conjunto Campesino Cuyaguateje et le Septeto Nacional, groupe fondé à la fin des années 1920. D'autres îles sont ensuite visitées. De ces arrêts, retenons *Aline volé* du Martiniquais Kali, chanteur et joueur de bango, et *Day Oh !*, popularisée par Harry Belafonte et reprise ici dans sa version originale par le groupe jamaïcain Lititz Mento Band.

Troisième étape : les îles indonésiennes Flores, Java et Sunatra. Mentionnons l'escale à Java où l'étonnant ensemble Sambasunda propose deux pièces singulières. Puis les îles du Pacifique apparaissent : *Mouna Manu*, interprétée sur des bambous par le groupe néo-guinéen Pynolasa Bamboo Band, fait la plus vive impression. Par ailleurs, comment ignorer le *picking* de la guitare et de l'ukulélé dans la pièce tahitienne *Kamara*, de même que la guitare *steel* hawaïenne de Benny Nawahi dans *Tickling the Strings* ? Enfin, l'Europe, ultime étape, est dépaysante et fascinante avec les Crétois Psarantonis, barde et joueur de lyra (vièle), Loudovikos, chanteur et joueur de mandoline, et Manolis Margaritis, joueur de lyre et de luth ; les chanteuses de polyphonies corses du groupe Donnisulana ; et, dernier parmi tant d'autres, l'Irlandais Declan Masterson, fabuleux joueur de cornemuse qu'on a pu entendre sur les bandes des films *In the Name of the Father* et *The Secret of Roan Inish*. En tout, trente-trois artistes pour la plupart méconnus, pari courageux de la part de l'étiquette Network qui nous fait découvrir de nouveaux noms au grand talent.

Espace musical singulier, la préfecture japonaise d'Okinawa comprend de nombreuses îles. *The Rough Guide to the Music of Okinawa* (World Music Network) illustre la grande diversité des musiques qu'on y retrouve.

RENÉ LACAILLE ET BOB BROZMAN

Digdig (2002)
World Music Network/Fusion, 111 TUG CD 1025

MUSIQUE DES ÎLES

Dès la première pièce, on se laisse emporter par une sorte de blues acoustique rapide aux rythmes chaloupés et au swing balancé avec beaucoup de sensualité, de désinvolture et de légèreté. Une guitare *slide* ondulante et lumineuse survole un flot de douces percussions. La cadence est bien roulée. Les instruments portent très bien leur nom : le triangle, le kayamb et le… rouleur. Pour le guitariste californien Bob Brozman, les musiques des îles véhiculent des métissages légués par les immigrants et les marins, et expriment généralement une zone de clair-obscur entre la joie de vivre et la tristesse. En ce qui concerne *Digdig*, on pourrait renchérir en soulignant toute la beauté de la langue créole magnifiquement livrée et la présence vivifiante des traditions musicales réunionnaises telles que le maloya, plus africain, ou le sega, style mélangé avec la culture des colons français, le musette et l'accordéon. Mais cette passionnante rencontre entre Brozman, l'un des plus grands maîtres de la *slide*, et le multi-instrumentiste réunionnais René Lacaille fut initiée en 1998 alors que Jean Beauchesne, le directeur artistique du Festival d'été de Québec, avait formé un ensemble composé de ces deux compères qui jouaient en trio avec le joueur de kora mandingue Djeli Moussa Diawara, le temps d'un projet. Amateurs et critiques avaient crié au génie et Beauchesne avait fait revenir le duo en 2001, rencontre à l'origine du disque. Une résidence ultérieure d'un mois à la Réunion a précédé une série de concerts et a permis à Brozman et Lacaille de composer plus de quatre heures de musique. Ne manquait que l'enregistrement.

Brozman est loin d'en être à ses débuts en matière de métissage, lui qui a d'abord acquis les fondements du blues américain avant de s'intéresser au ragtime, au calypso, à la musique hawaïenne et à plusieurs musiques insulaires. Reconnu comme l'un des spécialistes de la *National Guitar*, il a également signé des échanges réussis avec des musiciens de l'Inde, de la Grèce et du Japon pour ne citer que ceux-là. De son côté, Lacaille possède une grande maîtrise de l'accordéon en plus de connaître les rudiments du charango, de la guitare et de divers instruments de percussion. Initié en bas âge par son père, il baigne depuis toujours dans les univers du boléro, du quadrille créole, de la polka et de plusieurs styles plus modernes. On lui reconnaît d'ailleurs l'invention du maloya électrique. Les antécédents des deux artistes permettent un accomplissement hors du commun alors qu'ils s'échangent leurs compositions respectives et en signent quelques-unes ensemble, dont la très belle *Place d'Youville* en l'honneur de Québec. Musicalement, ils insistent parfois sur le côté créole, développent en d'autres occasions un style plus hybride, donnent des couleurs plus africaines par les harmonies vocales, plus hawaïennes par la *slide* de Brozman, plus andines par le charango de Lacaille ou plus orientales par ses percussions. Tout respire. La magie opère et la complicité entre les quatre musiciens, puisque deux percussionnistes complètent la formation, pourrait se poursuivre, on le sent aisément, jusqu'aux petites heures du matin.

Djeli Moussa Diawara, le troisième invité de la rencontre de Québec, a signé, avec Bob Brozman, *Ocean blues, from Africa to Hawaï* (Celluloid), un disque remarquable. Au programme, la rencontre de deux virtuoses au sommet de leur art, qui causent en blues ou en accords mandingues.

Sur *Batarsité* (Piros), le percussionniste Danyel Waro, celui qui a permis la rencontre entre Lacaille et Brozman, se livre à un magistral exercice de maloya.

ARTISTES DIVERS

The Rough Guide to the Music of the Indian Ocean (2002)
World Music Network/Fusion 111, RGNET 1086 CD

Ce disque retrace le parcours d'une région qui a vécu les affres des mouvements de colonisation, du trafic des esclaves, des éruptions volcaniques et de bien d'autres cataclysmes. Les découvertes regorgent. Si la majorité des artistes retenus ont déjà réalisé des enregistrements commerciaux, ceux-ci ne sont pas faciles à trouver ici. Tous et toutes soulignent sans équivoque l'âme de ces peuples des îles, et les musiques proposées reflètent une palette d'influences liées à la situation géographique de l'océan Indien, qui est depuis toujours une route pour les marins d'Afrique, d'Inde, du Moyen-Orient, d'Europe ou de Polynésie. Et, en dépit de toutes les différences culturelles et religieuses, comme les fortes concentrations d'habitants d'origine indienne à l'île Maurice et aux Seychelles, la dominante sonore africaine ressort le plus souvent. Les Malgaches de Tarika, le groupe le plus célèbre à l'extérieur de son pays, ouvrent le bal en tendant la main à l'Indonésie avec une composition très vivante de la leader Hanitra Rasoanaivo et qui révèle de percutantes harmonies vocales. Mais, de l'île de Madagascar, plus folk, à celle de la Réunion ou de l'île Maurice, plus créoles, de réelles disparités font ressortir une multitude de couleurs insoupçonnées. Par exemple, Zanzibar, un territoire au large de la Tanzanie, a reçu d'apparentes influences musulmanes, et les violons à l'unisson du Culture Musical Club aussi bien que l'oud et le quanoun, qui rappellent l'esprit de l'Égypte, le démontrent.

Il en va de même pour la Grande Comore, qui révèle un style comparable mais dont les musiciens, représentés ici par le groupe Belle Lumière, ajoutent à leurs pièces de l'électricité et des synthés minimalistes depuis les années 1970. La présence africaine dans sa version la plus traditionnelle, chargée d'une intense émotion avec ses polyrythmies complexes et ses cœurs à répondre, est manifeste chez Kaskavel, une découverte de l'île Rodrigue, et dans la musique de l'extraordinaire Réunionnais Danyel Waro, le chanteur, poète et luthier surnommé le « petit blanc des hauts » et qui est allé à l'école de Firmin Viry, l'un des grands maîtres du maloya. Le côté « racines » mis à part, l'auditeur peut déceler un caractère désinvolte, très sensuel et léger qui n'est pas sans rappeler les îles des Caraïbes. Dans quelques pièces, la Louisiane créole semble à portée de vue. En règle générale, le disque s'écoute agréablement. Comme c'est souvent le cas dans la sélection des *Rough Guide*, les pièces les plus traditionnelles côtoient les plus modernes, tels le sega léger et joyeux du Mauricien Denis Azor et la délicieuse chanson inspirée d'un maloya réunionnais livrée par Françoise Guimbert, peut-être une future vedette internationale, qui interprète des compositions créoles à portée sociale et que l'on a déjà comparée à Cesaria Evora. Pour le reste, on navigue entre de savantes harmonies vocales polyphoniques ou à l'unisson du vétéran malgache Feo-Gasy, et quelques touches de reggae ou de raggamuffin dans les rythmes traditionnels. On a même droit à une version singulière de « Y a-tu de la bière icitte ? » sous la forme d'une contredanse des Seychelles. Et que dire de la volupté de l'accordéoniste René Lacaille qui fait la paire avec le guitariste *slide* Bob Brozman ? En somme, le disque esquisse le tableau fascinant d'un univers trop peu connu.

Sur *Vetse* (Hemisphere), les membres du quintette malgache Njava entrent de plein fouet dans l'univers du folk africain, quelque part entre Oryema et Koité, avec d'intenses harmonies vocales, une guitare très fluide et une basse plus funky.

Le maloya réunionnais ne vient-il que des esclaves africains ? Comporte-t-il des éléments malgaches ou même indiens ? Quoi qu'il en soit, le groupe Granmoun Lele intègre tout cela de main de maître sur *Mamouniman* (Indigo). Une musique intense, très « racines », avec voix et percussions qui résonnent.

CESARIA EVORA

Café Atlantico (1999)
BMG-Québec, 74321660182

Avec plus de quatre millions d'albums vendus dans le monde et cinq nominations aux Grammy Awards, la chanteuse cap-verdienne représente, le Buena Vista Social Club mis à part, le plus grand succès de la *world* des années 1990. Au début de la soixantaine, celle que l'on surnomme la « diva aux pieds nus » incarne plus que tout autre l'assurance tranquille, l'équilibre et l'aplomb de celle qui n'a rien à prouver. Si elle n'avait obtenu la consécration dans la cinquantaine après une vie de misère, elle aurait continué à chanter à Mindelo, sa ville natale, sans trop se préoccuper de la reconnaissance internationale. D'ailleurs, elle donne toujours l'impression de chanter chez elle, autour du bar, pour ses proches, sans se soucier de quelconques mouvements chorégraphiés ou imposés par les lois du *star system*, n'en déplaise aux amateurs de sensations fortes durant les spectacles.

Après avoir porté sur la scène internationale toutes ses mornas empreintes de tant de nostalgie et de déchirure, après avoir livré à la planète des chansons inoubliables comme *Mar Azul* ou *Miss Perfumado*, la Evora change légèrement de cap avec *Café Atlantico*, un album réalisé à Paris et à La Havane. En s'inspirant des parentés entre le Cap-Vert, le Brésil et Cuba, Cesaria établit un pont réel entre les deux côtés de l'Atlantique et apporte une touche de lumière qu'on lui soupçonnait, mais qu'on ne lui connaissait pas de cette façon. Celle que l'on a comparée à Billie Holiday, à cause de son penchant pour la cigarette et pour le cognac qu'elle ne boit plus, peut donc avec ce disque aller au-delà de l'image qu'on lui attribuait.

Cependant, ne nous y trompons pas : *Café Atlantico* ne tranche pas avec les disques précédents. On a ajouté une teinte plus enjouée en tendant la main à certaines musiques de carnaval. On a inséré trois pièces à la cubaine enregistrées sur place avec des couleurs assez vieillottes de boléro et de danzon, gracieuseté de fantastiques musiciens, dont le flûtiste Orlando Valle Maraca, le pianiste Franck Emilio et le joueur de laoud Barbaro Torres. On a ajouté des instruments à cordes dans plusieurs pièces. Mais la base de la musique demeure la même : chansons élégantes, blues romantique et retenu, arrangements onctueux autour d'une musique émouvante encore construite avec des instruments acoustiques tels que le piano, le cavaquinho et les guitares. La chanteuse demeure fidèle à la musique qu'elle interprète dans les bars de Mindelo depuis l'âge de vingt ans. Même lorsqu'elle chante *Maria Elena* en espagnol, elle reste elle-même.

Ainsi, le plus important perdure. Cesaria continue d'émouvoir en chantant la tristesse de l'adieu amoureux et en demandant à la mer, l'âme à l'agonie, de l'emmener dans son monde de ténèbres. Elle sait également apporter l'arôme du pays, donner un baiser à tous ses enfants éparpillés et exprimer avec une conviction sans pareille sa chère Mindelo, celle qui fut la Rome créole, glorieuse et décadente. Pour tout cela, on considère la Evora, non plus comme une grande chanteuse africaine, mais comme une grande chanteuse tout court.

Le Cap-Verdien Bau fut le directeur musical de Cesaria. Magnifique guitariste et très bon joueur de cavaquinho et de violon, il signe sur *Inspiraçao* (Lusafrica) une musique qui intègre des éléments de semba angolais, des couleurs caraïbes et même un hommage à Chopin.

BOB MARLEY & THE WAILERS

Exodus « Deluxe Edition » (2001)
Island/Universal, 3145864082

En Jamaïque, petite île des Grandes Antilles située entre Cuba et Haïti, est né en 1945 Robert Nesta Marley, dit Bob Marley, chanteur aujourd'hui connu mondialement et légende incontestée. Encore de nos jours, Bob Marley, roi du reggae issu d'un ghetto du tiers-monde, dont le message de paix, d'amour et de justice a été diffusé partout, demeure adulé. Sa voix unique, son sens du rythme se font toujours entendre.

À l'occasion de la célébration du vingtième anniversaire de sa mort en 2001, plusieurs événements ont été organisés. Parmi eux, la réédition d'albums magistraux, dont l'incontournable *Exodus*. L'album, consacré le disque le plus important du XXᵉ siècle par le magazine *Time* en 1999, est en effet une des œuvres majeures de Marley, voire son chef-d'œuvre absolu selon plusieurs.

Premier disque de l'artiste à être enregistré hors de la Jamaïque, soit en Angleterre, l'histoire d'*Exodus* reste liée à un accident qui aurait pu tourner à la catastrophe : la tentative d'assassinat de Marley peu de temps avant un concert qu'il devait donner en présence du premier ministre Michael Manley en Jamaïque. Secoué, le chanteur quitte la Jamaïque après le concert, d'abord pour les Bahamas, puis pour l'Angleterre. C'est là, en compagnie de Chris Blackwell, directeur de l'étiquette Island, qu'il enregistre une vingtaine de morceaux qui seront utilisés sur *Exodus* et, l'année suivante, sur *Kaya*.

Sur le premier CD, la collection «Deluxe Edition» offre une version repiquée des dix chansons parues en 1977. Avec les célèbres *Natural Mystic, So Much Things to Say, Guiltiness, Exodus* et *Jamming*, on assiste à la partie plus politique du disque. Viennent ensuite des pièces comme *Waiting in Vain* et *Turn Your Lights Down Low*, qui ramènent un Marley plus sentimental. Les dix pièces sont exceptionnelles et n'ont pas été reconnues ainsi pour rien. En prime, on trouve cinq morceaux additionnels : *Roots*, une version alternative de *Waiting in Vain*, deux versions de *Jamming* et une d'*Exodus*.

Sur le second disque, il n'y a que du matériel inédit. La première moitié est consacrée à un spectacle donné par Bob Marley and The Wailers le 4 juin 1977 au Rainbow Theatre de Londres. Parmi les pièces au programme : *The Heaten, War/No More Trouble* et d'excellentes versions, enflammées, de *Jamming* et de *Exodus*. Avec la deuxième partie du disque, les admirateurs de Lee «Scratch» Perry, pionnier du dub, seront ravis : on le retrouve ici avec Marley dans *Punky Reggae Party* et *Keep on Moving*. Bref, un album double magistral pour tous les fans de reggae.

MUSIQUE DES ÎLES

L'étiquette anglaise Blood and Fire a produit plusieurs artistes reggae. Sur *Heavyweight3* (Blood and Fire), elle propose une riche compilation incluant quelques grands noms des années 1970, comme Johnny Clarke, U Brown, Horace Andy et Impact Allstars.

TENDANCES JAZZ

Des musiques du monde empruntent au jazz, explorent à leur façon son territoire et vice versa. Allers et retours : la musique latine et le jazz se voisinent, la Tunisie va à la rencontre du jazz européen, le Liban invente le jazz oriental, des improvisations font voyager de l'Inde à l'Andalousie, un musicien rom crée le jazz manouche au contact du swing...

ANOUAR BRAHEM

Le pas du chat noir (2002)
ECM/Universal, ECM 1792 440 016 373-2

Disque après disque, le Tunisien Anouar Brahem prouve que l'oud peut être bien autre chose qu'un simple instrument d'accompagnement. Redonnant à ce luth arabe ses lettres de noblesse, Brahem en explore avec grand sérieux toutes les possibilités. Ce que l'on trouve dans sa musique ? Un mélange de musique arabe savante dont l'instrumentiste a longtemps parfait sa connaissance auprès de son maître, Ali Sitri, de musique impressionniste et de jazz qui fait la part belle à l'improvisation. Sa démarche, extrêmement originale et personnelle, est gravée sous l'étiquette ECM, maison allemande dont on connaît le goût pour le jazz intimiste et éthéré.

À regarder les formations avec lesquelles Brahem a endisqué au fil des ans, on constate le penchant du musicien pour les trios, une formule qu'il renouvelle chaque fois en variant l'instrumentation. Sur *Barzakh* (ECM, 1991), l'oud dialogue avec le violon de Béchir Selmi, et avec le bendir et la darbouka de Lassad Hosni. Sur *Madar* (ECM, 1994), il échange avec le saxophone du Norvégien Jan Garbarek et le tabla du Pakistanais Ustad Shaukat Hussain. Sur *Thimar* (ECM, 1998), il rencontre le saxophone et la clarinette de John Surman et la basse de Dave Holland. Sur *Astrakan Café* (ECM, 2001), il croise la clarinette de Barbaros Erköse, Turc d'origine tsigane, et le bendir et la darbouka de Lassad Hosni. Couleurs, textures, horizons varient ainsi sur chacun de ces beaux disques. Sur *Le pas du chat noir*, Brahem s'entoure du pianiste François Couturier et de l'accordéoniste Jean-Louis Matinier. Fait exceptionnel,

Brahem explique qu'il a d'abord composé ses pièces pour piano seul, avant que s'imposent l'oud et, plus tard, l'accordéon.

L'interaction entre ces trois instruments rarement réunis conduit le musicien vers de nouveaux territoires. Parfois, le piano et l'accordéon rappellent une musique parisienne ou argentine, parfois ce sont ces instruments qui empruntent la sonorité arabe de l'oud — pensons à l'accordéon dans *Pique-nique à Nagpur*. Suivant différentes combinaisons, les instruments occupent la place principale ou se répondent en écho, créant différents paysages intérieurs ou ambiances feutrées. Dans certaines pièces (*Le pas du chat noir*, *De tout ton cœur*, *Toi qui sait* [sic]), imaginez Satie marchant dans les rues de Tunis, s'imprégnant des arabesques d'un joueur d'oud. Imaginez-le de retour dans la Ville lumière, écoutant sous sa fenêtre un accordéoniste au moment où il commence à mettre sur du papier à musique ses impressions tunisiennes.

Évocatrice, calme et méditative, la musique de Brahem sait écouter l'autre, elle sait aussi accueillir le silence. Le temps, ici, a tout son temps. L'oudiste n'écrit-il pas lui-même dans ses notes que le rythme du *pas du chat noir* lui a été insufflé par le balancement d'un arbre qu'il voyait de sa fenêtre, bercé par un vent léger ?

L'Orchestre National de France a invité le Tunisien Anouar Brahem et l'Italien Gianluigi Trovesi (clarinette et saxophone) à participer à la création de *Charmediterranéen* (ECM). Moments de calme et de tempête alternent sur ce disque où le jazz fraye avec la musique contemporaine et lui adjoint des sonorités méditerranéennes, notamment arabes. Exigeant, mais séduisant.

RABIH ABOU-KHALIL

The Cactus of Knowledge (2001)
Enja/Fusion 111, ENJ-9401 2

Depuis qu'il a quitté son Liban natal en 1978 lors de la guerre, Rabih Abou-Khalil vit en Allemagne. C'est là que, à partir des années 1990, il a fait paraître ses disques, sous l'étiquette Enja. Ses œuvres sont reconnaissables entre toutes : l'un des grands maîtres de l'oud, inventeur pour plusieurs du jazz oriental, offre chaque nouveau disque dans un coffret-écrin aussi somptueux que précieux, couvert de calligraphies et d'ornementations éclatantes, gage du trésor qui se trouve à l'intérieur. Chaque fois un trésor, donc, même si la nature de celui-ci peut considérablement varier.

On peut juger de l'étendue du champ musical couvert par Rabih Abou-Khalil en comparant ces deux disques totalement différents que sont *The Cactus of Knowledge* et *Il sospiro* (Enja, 2002), parus à un an d'intervalle. Le premier, composé pour treize instruments, est explosif et réserve une belle part aux cuivres et aux percussions ; le deuxième, écrit pour oud seulement, est beaucoup plus méditatif. Entre ces pôles se situe tout le reste de l'œuvre. De *Blue Camel* (Enja, 1992), plus près de *Cactus* avec ses cuivres et ses percussions, au beau et sombre *Yara* (Enja, 1998), en passant par *Tarab* (Enja, 1993), où le ney joue un rôle important auprès de l'oud, et *The Sultan's Picnic* (Enja, 1994), qui réunit une imposante formation de musiciens mais reste plus posé que *Cactus*. Toujours a lieu une exploration des plus riches conduisant à l'expression d'instruments tant occidentaux (saxophone, trompette, tuba, batterie) qu'orientaux (ney, oud, tambourin). Car la position de Rabih Abou-Khalil est bien là : non pas, comme il le dit lui-même, *entre* les deux mondes, mais

dans les deux mondes. Du côté de l'Occident *et* de l'Orient, du côté du jazz contemporain *et* de la musique arabe.

Exigeante, *The Cactus of Knowledge* n'en demeure pas moins une œuvre remarquable : elle est à la fois savante et passionnée, brillante et impulsive, remplie d'énergie brute. Sur des rythmes effrénés ou complexes (la partition de *Oum Saïd* reproduite dans le livret est marquée 6+5+3+6/16 !), les cuivres puissants règnent en maître. Impossible de soupçonner dans certaines pièces la présence d'un joueur d'oud dans les parages tant ceux-ci occupent le devant de la scène. De crescendo en crescendo, trompette, saxophone et tuba s'élancent, s'imposent, remplissent tout l'espace sonore, accompagnés par les percussions, par exemple dans *The Lewinsky Marche* qui inaugure la fête, puis dans *Business As Usual* et dans *Got To Go Home*. Mais dans les plus calmes *Fraises et crème fraîche*, *Oum Saïd* et *Pont Neuf*, on remarquera de beaux solos d'oud, de même que la présence lumineuse d'une clarinette orientalisante dans *Maltese Chicken Farm* (à laquelle font concurrence, un peu plus loin dans la pièce, les envolées du saxophoniste) et dans *Pont Neuf*. Quant au violoncelle, on notera ses glissandos inspirés et mélancoliques dans *Fraises et crème fraîche* et dans *Ma muse m'amuse* où l'oud, par ailleurs, prend des accents de guitare espagnole. De l'exubérance la plus folle et de cette énergie brute en liberté à l'introspection la plus profonde de ce monde intérieur fascinant, Rabih Abou-Khalil nous transporte dans un pays fabuleux et sans frontière.

Sur *One In The Pocket* (Nomad), le tabliste Badal Roy s'entoure de sept musiciens et propose une musique qui emprunte à la fois au jazz et aux musiques du monde. L'un de ses musiciens est nul autre que le Texan d'origine mexicaine Glen Velez, maître du tambourin (*frame drums*) et véritable connaisseur de cet instrument dont l'origine remonte à l'ancienne Mésopotamie. Notons que Velez apparaît sur quatre des disques de Rabih Abou-Khalil.

MICHEL CAMILO & TOMATITO

Spain (2000)
Lola !/Verve/Universal, 561 545-2

Les deux viennent de familles de musiciens. De sa République dominicaine natale, le pianiste Michel Camilo a déménagé à New York il y a plus de vingt ans, alors que le guitariste gitan Tomatito s'est imposé en Espagne avec un flamenco à teintes de jazz. Les deux ont en commun une grande maîtrise de leur instrument respectif, une rapidité déconcertante et un sens mélodique très poussé. Michel Camilo et Tomatito se connaissent depuis les années 1980. Ensemble, ils favorisent cette formule : l'union de deux instruments que l'on n'a pas l'habitude d'entendre souvent en duo, deux styles fusionnés en un, une musique dénudée, un répertoire composé de quelques classiques qu'ils exécutent librement et une complicité à toute épreuve. Car, avant de concocter *Spain*, les deux instrumentistes avaient peaufiné leur répertoire de flamenco-latin jazz plus d'une quarantaine de fois sur scène, soit depuis que le Festival de jazz de Barcelone les a invités en 1997. Ils avaient alors pu se rendre compte d'une parenté rythmique et émotionnelle évidente entre les deux musiques. D'une part, leur répertoire respectif profite d'influences communes et, de l'autre, ce que Camilo retrouve en Amérique avec le blues, Tomatito le ressent en Europe à partir du cante jondo, le chant profond du flamenco. Les deux mondes peuvent donc facilement graviter dans les mêmes sphères.

L'expérience de *Spain* offre ainsi à ces deux artistes la possibilité d'explorer des techniques de jeu inhabituelles pour eux. Par exemple, le piano doit à l'occasion se faire plus discret à cause du caractère intimiste du son de la guitare acoustique. Mais le duo peut également s'étendre à souhait sur les patrons rythmiques et harmoniques. Si les deux artistes en mettent parfois plein les oreilles avec une vélocité à l'emporte-pièce, comme dans *Para Troilo y Salgan*, en hommage aux deux légendes du tango argentin, ils calment le jeu avec de douces ballades qui permettent d'ornementer à volonté, tel que dans *Besame Mucho*, un classique qu'ils interprètent très doucement. Ne se sentant pas obligés de jouer constamment à pleins gaz, ils peuvent ainsi se laisser aller tout en tendresse au gré de leur inspiration.

Le disque démarre sur une note impressionniste avec une interprétation très libre du célèbre *Concerto d'Aranjuez* de Joaquin Rodrigo. S'ensuit une attaque à deux plus costaude, avec la pièce-titre écrite par Chick Corea, alors que Camilo assume la partie rythmique pendant que Tomatito se livre à des improvisations très inspirées. *A mi niño Jose* cache une fusion parfaitement maîtrisée, où la guitare se livre à de violentes bulerias et le piano expose la richesse harmonique des textures du jazz. À d'autres moments, le piano assume la base rythmique de la rumba cubaine et la guitare adoucit le son tout en élégance. Tout au long du parcours, le nouveau continent retrouve quelques-uns de ces ancêtres comme un enfant prodigue qui rentre au bercail.

Après *Spain,* Michel Camilo a participé au projet *Calle 54* (EMI), alors que des musiciens de latin jazz parmi les plus connus se sont livrés, dans le cadre d'un documentaire, à de passionnants allers-retours entre le jazz et la musique latine. Ont fait partie de la distribution : Paquito D'Rivera, Gato Barbieri, Tito Puente, Chico O'Farrill, Chucho et Bebo Valdés, Cachao… La liste est encore longue.

CHUCHO VALDÉS

Bele Bele en La Habana (1998)
Blue Note/EMI, CDP 7243 8 23082 2 5

Sous ses doigts, les touches du piano semblent être celles d'un piano jouet. Et le géant d'un mètre quatre-vingt-dix-huit, large d'épaules, n'est pas qu'un colosse sur le plan physique : depuis trente ans, il occupe le devant de la scène musicale cubaine et fait là aussi figure de géant. L'octave, il l'atteint sans aucun effort et tout son jeu pianistique est à l'avenant. Fils du célèbre Bebo Valdés et d'une mère également pianiste, Jesús «Chucho» Valdés est «tombé dedans» dès l'âge de trois ans. Jusqu'à seize ans, il fréquente l'école de musique et forme ensuite son premier trio. En 1973, moment déterminant, il fonde le groupe Irakere. À ses côtés, on trouve alors les talentueux saxophoniste Paquito D'Rivera et trompettiste Arturo Sandoval, qui n'ont pas encore quitté Cuba pour s'installer aux États-Unis. Ensemble, entourés d'autres prestigieux musiciens, ils mêlent musiques cubaines, jazz, funk, rock et s'imposent comme l'un des plus importants groupes de Cuba, énergique et dansant.

Toujours aux commandes du groupe, Chucho Valdés fait aussi carrière seul ou en formation réduite. Sur *Bele Bele en La Habana,* premier disque enregistré sous l'étiquette Blue Note, peu de temps après une prestation remarquable au Village Vangard, en juin 1998, il est accompagné d'un trio formé d'Alain Pérez Rodríguez à la basse, de Roberto Vizcaíno Guillot et de Raúl Píñeda Roque aux percussions. La formule a l'avantage de nous faire entendre le pianiste mieux qu'avec Irakere, et de prendre la mesure de l'immense talent de Valdés, de sa virtuosité comme de sa créativité. Avec une technique assurée, le pianiste se promène aisément du jazz à la musique afro-cubaine, en passant par des éléments classiques. Son incursion du côté de la musique cubaine est considérable puisque Valdés semble dresser sur ce disque un inventaire des différents styles de cette musique, ainsi qu'en témoignent les désignations accompagnant les titres retenus : son, balada chá, mambo, descarga, guaracha, danzon, guajira et guaguancó.

Certains titres sont des compositions originales de Chucho ou de Bebo Valdés, d'autres sont de grands classiques de la musique cubaine. L'énergique et lyrique *Son montuno*, intense et parfois blues, est signé Chucho Valdés. Il en est de même de *Lorraine*, une balada chá, soit une ballade jouée sur un rythme de cha-cha-cha. *El cumbanchero* et *Tres lindas cubanas* sont des classiques. Le premier est l'œuvre de Rafael Hernández, le second est de Guillermo Castillo. Les deux pièces se retrouvent sur *Introducing Rubén Gonzáles* (World Circuit, 1997) ; elles sont ici reprises bien différemment par Chucho Valdés. Méconnaissables, elles illustrent le talent du pianiste pour l'improvisation. Autre classique, *La sitiera*, chantée sur *Introducing Omara Portuando* (World Circuit, 1998). Belle et nostalgique, elle est plus calme que l'enfiévrée et rythmée *Con poco coco* de Bebo Valdés, jouée ici par le fils prodige.

À l'âge vénérable de quatre-vingt-trois ans, Bebo Valdés enregistre avec Israel López «Cachao», bassiste né la même année que lui, et Carlos «Patato» Valdés, joueur de congas de huit ans leur cadet, *El arte del Sabor* (Lola !). Leur invité spécial : le saxophoniste Paquito D'Rivera.

Sur *Babalu Aye* (Bembé Records), Chucho Valdés dirige, comme à ses débuts, le groupe Irakere. Sa musique, qui fraye notamment avec la salsa, invite toujours à la danse.

RENAUD GARCIA-FONS

Oriental Bass (1997)
Enja/Fusion 111, ENJ-9334 2

On se croirait en caravane, vivant les aventures des *Mille et Une Nuits*, traversant la Méditerranée, puis remontant jusqu'à l'Espagne. Pourtant, pas un seul mot ne ponctue le parcours et l'instrument-vedette est… la contrebasse, celle d'un baroudeur français né de parents espagnols, un instrumentiste de génie parmi les meilleurs au monde, un compositeur qui est de tous les voyages: intérieurs, imaginaires ou parfaitement géographiques.

«J'ai rêvé d'une contrebasse, mi-tsigane, mi-mauresque, voyageant de l'Inde à l'Andalousie… j'ai pensé *Oriental Bass* comme un imaginaire… une prière», affirme Garcia-Fons sur la pochette de son disque-phare, une réalisation qui lui a permis de franchir un nouvel espace de création en projetant une synthèse est-ouest au-delà des créneaux habituels de la musique classique contemporaine, du jazz et des musiques du monde. Orchestré pour une dizaine de musiciens, l'album allait préfigurer *Navigator* (Enja, 2002), la production suivante, et dorénavant pousser le visionnaire beaucoup plus loin dans le champ de l'arrangement.

Possédant une phénoménale technique qui lui permet de libérer l'instrument qu'il a lui-même conçu en lui ajoutant une cinquième corde, Garcia-Fons peut se livrer à de spectaculaires improvisations rappelant parfois, à cause de l'impressionnante vélocité de son jeu, celles de feu Jaco Pastorius. Mais le Français utilise beaucoup l'archet et opte très souvent pour la technique du pizzicato en pinçant les cordes sans les faire vibrer. Et il joue régulièrement dans un registre qui rappelle celui du violoncelle ou de l'alto, même si le grain demeure plus rugueux à cause de la nature de son instrument.

Cela ne l'empêche d'aucune façon d'accéder à la sensualité la plus suggestive et à la beauté la plus pure. Inspiré par les musiques indiennes, moyen-orientales et flamencas, *Oriental Bass* se démarque de ses sources premières tout en restant fidèle à ses muses. La pièce-titre donne le ton dès le début avec un solo de contrebasse à la fois spirituel et flamboyant. Les autres instruments, tels la derbouka, la clarinette ou l'accordéon, ne tarderont pas à entrer en scène alors que de riches arrangements engendrent une étonnante diversité de tempos. Les instruments se succèdent rapidement, tout comme les contretemps créés par les solos improvisés qui alternent avec les moments plus orchestrés. Les punchs sont efficaces et le voyage peut commencer. Si le Moyen-Orient prend le dessus au départ, l'auditeur se laissera transporter par des climats plus calmes et intimistes (*San Juan*) avant de puiser une énergie nouvelle grâce à une pulsion plus africaine dans *Goodjinns*. La contrebasse dévoile un formidable swing, puis devient plus légère. Nous entrons ensuite dans le monde intérieur de l'Inde du Sud (*Oryssa* et *Ghazali*) avec un subtil glissando et une évocation du violon sarangi. Les tablas ponctuent ici le rythme et l'effet est saisissant. Garcia-Fons dessine un flamenco parfait, avec pour seuls instruments les palmas et sa contrebasse, qui marquent en même temps, dans *Bajo Andaluz*, la mélodie et le rythme. Dans *Jam Buleria*, l'artiste explore à l'archet le côté spontané et plus joyeux du genre andalou, avant de conclure son odyssée rêveuse en revenant à l'oriental et en entrant au fond de lui pour étirer la magie jusqu'à la toute dernière note.

Jazzman issu de la mouvance artistique d'un Liban nouveau qui vit et crée à partir d'une double appartenance culturelle, Toufic Farroukh parcourt dans *Drab Zeen* (Le Chant du Monde) des sentiers encore inexplorés. Visiblement, ce saxophoniste de formation conçoit sa musique comme une série d'images sonores qui renvoient aux traditions orientales tout en demeurant ancrées dans la modernité occidentale.

BIRÉLI LAGRÈNE

Gipsy Project & Friends (2002)
Dreyfus Jazz/Koch, FDM 36638-2

Le jazz manouche, né du croisement entre l'héritage rom et le swing des années 1930, doit beaucoup au guitariste Django Reinhardt. Biréli Lagrène, né en Alsace en 1966 et lui aussi manouche, en est à plus d'un titre le digne héritier. Prodige dès son plus jeune âge, il suit les pas de son idole, répète ses œuvres et enregistre à treize ans *Routes to Django*. Jusqu'en 1985, Lagrène fréquente assidûment le style du maître, joue avec les plus grands, avant d'explorer diverses avenues, dont celles du jazz fusion avec *Inferno* (Blue Note, 1988) et *Foreign Affairs* (Blue Note, 1989). En 1995, retour à ses anciennes amours avec *My Favorite Django* (Dreyfus), puis *Tribute to Stéphane Grappelli*, qu'il enregistre aux côtés du violoniste Didier Lockwood en 2000, mais surtout *Gypsy Project* (Dreyfus, 2001), première phase de l'aventure qui se poursuit avec *Gipsy Project & Friends* en 2002.

Tel un poisson dans l'eau, Biréli Lagrène évolue dans ce style de musique avec une aisance déconcertante. Son jeu fluide est d'une précision sans faille, et sa technique, impeccable. Avec une grâce remarquable et une vélocité époustouflante, le guitariste pince les cordes et saute les frettes. Virtuose intelligent et créatif, il ne se contente pas simplement d'imiter : il respecte la tradition en même temps qu'il innove. Les mélodies charmantes, il les complexifie et les enrichit par des ornementations savantes et un sens inouï du rythme.

Encore une fois, comme lors du premier *Gypsy Project*, Lagrène est entouré d'une équipe exceptionnelle : aux guitares rythmiques, qui font oublier l'absence de batterie ou de toutes autres percussions, il y a Holzamo Lagrène et Hono Winterstein, comparses du précédent disque, ainsi que le réputé Stochelo Rosenberg et Thomas Dutronc, fils de Jacques. Diego Imbert, fidèle compagnon, est à la basse. Le Roumain tsigane Florin Niculescu, au talent remarquable, est au violon. Avec Lagrène, il forme un duo de haut niveau qui rappelle le duo Grappelli-Reinhardt. On retiendra son jeu sensible, ému, mais jamais mièvre. Enfin, soulignons la présence d'Henri Salvador dans l'une des pièces.

Parmi les morceaux que l'on retrouve sur ce disque et qui sont composés ou arrangés par Django Reinhardt, mentionnons le rythmé *Djangology*, l'exigeant *Babik*, le célèbre *Les Yeux noirs* revisité pour nous, les amusants *Minor swing* et *Artillerie lourde*. Retenons aussi les fameuses pièces romantiques *Où es-tu mon amour ?*, d'Emile Stern, *Laura*, de David Raskin, d'après le film du même nom réalisé en 1944 par Otto Preminger, et *Une histoire simple*, écrite par Babik Reinhardt, fils de Django. Pour finir sur une note légère, le disque se clôt avec *Ma première guitare* de Sacha Distel.

Guitariste manouche, Angelo Debarre est lui aussi reconnu pour sa virtuosité. Sur *Caprice* (Hot Club Records), il interprète ses propres compositions et quelques pièces de Django Reinhardt, le maître à qui tous sont redevables. Parmi les musiciens accompagnant Debarre sur cet album qui propose différentes combinaisons instrumentales (du solo au quintette), mentionnons le violoniste Florin Nicolescu.

GLOSSAIRE DES GENRES ET DES STYLES

AFROBEAT
Genre nigérian inventé par Fela Kuti dans une perspective d'activisme politique. L'afrobeat mélange la polyrythmie traditionnelle yoruba au funk et au jazz. On constate un regain d'intérêt depuis la mort de son inventeur en 1997.

AFRO-POP
Terme générique regroupant une panoplie de musiques africaines populaires et urbaines. L'afro-pop regroupe des styles aussi divers que le mbalax sénégalais, le raï algérien, le taraab est-africain, le soukouss congolais et bien d'autres.

ALEGRIA
Danse joyeuse originaire de Cadix et associée au flamenco.

AL JIL
Musique de la génération des années 1980 au Caire, qui s'inspire de la musique de la Haute-Égypte et qui se propose de faire un pied de nez à la musique arabe classique. Également connue sous le nom de «*jeel music*».

AMAZIGH
Style populaire très mélodique des Berbères d'Afrique du Nord.

AMBIANTE
Se dit d'une musique principalement électronique, urbaine, et souvent arythmique. Bien connue sous l'appellation anglaise «*ambiant music*».

ARABO-ANDALOU
Terme générique qui regroupe les musiques classiques maghrébines et repose sur le système des noubas qui est constitué d'un enchaînement de pièces vocales allant en s'accélérant et dont l'instrument principal demeure l'oud, soit le luth arabe.

ASIAN MASSIVE
Musique que les Indo-Pakistanais d'Angleterre ont conçue depuis les années 1990 en mélangeant rap ou nouvelles tendances électroniques aux rythmes asiatiques. Le phénomène atteint maintenant les États-Unis et d'autres pays.

AXE
Style populaire brésilien très percussif de la région de Bahia.

BAIAO	Style du nord-est du Brésil plus lent que la samba, originalement conçu autour de l'accordéon, d'un tambour basse et d'un triangle.
BATUCADA	Jam-session afro-brésilien.
BHAJAN	Chant de dévotion hindouiste que l'on interprète souvent en l'honneur de Krishna.
BHANGRA	Genre qui tire son origine de la musique traditionnelle du Punjab, en Inde, et qui fut modernisé par les fils d'immigrants indiens en Angleterre dans les années 1980.
BIKUTSI	Rythme énergique et frénétique que les femmes béti du Cameroun ont préservé en réaction à la présence envahissante des missionnaires. Les guitares électriques ont souvent remplacé le balafon traditionnel.
BLUEGRASS	Style américain du Kentucky inventé par Bill Monroe à la fin des années 1930, défini dans les années 1950 et caractérisé par l'utilisation d'instruments à cordes comme la guitare, le banjo, la mandoline, le violon, la contrebasse et le dobro.
BOLÉRO	Style cubain au tempo lent et au contenu romantique.
BOSSA-NOVA	Genre populaire brésilien élaboré à Rio à la fin des années 1950, qui adoucit le rythme de la samba et qui s'inspire également du jazz américain.
BULERIAS	Associé à l'esprit le plus informel et spontané du flamenco. C'est le rythme le plus rapide du flamenco.
CAJUN	Se dit de la musique des descendants des Acadiens en Louisiane. Il s'agit d'un mélange entre traditions françaises, créoles et américaines. Les instruments de base de la formation typique, qui est apparue dans les années 1920, sont le mélodéon, le violon, la guitare et le triangle.
CALYPSO	Style de musique populaire inventé au XIXe siècle et développé à Trinidad et à Tobago. Il est devenu la forme d'expression par excellence jusque dans les années 1960, avec des chansons sociales ou festives.
CANDOMBE	Signifie aussi bien le rythme que la danse uruguayenne d'origine africaine bantoue.
CAPOEIRA	Forme traditionnelle brésilienne qui combine la danse et les arts martiaux, et qui fut développée par les esclaves. Se pratique avec le berimbau, un arc musical.
CARNATIQUE	Se dit de la musique classique de l'Inde du Sud.

CELTIQUE	Se dit de la musique traditionnelle des pays ou des régions qui ont préservé la culture celtique, à savoir l'Irlande, l'Écosse, la Bretagne, la Galice, le pays de Galles, les Asturies, Cornwall et l'île de Man. Il existe également une importante diaspora aux États-Unis, au Canada, en Australie et en Argentine.
CHÂABI	Style populaire algérois, né à la croisée des XIXᵉ et XXᵉ siècles. Son propos se rapproche davantage de la réalité sociale que l'arabo-andalou.
CHA-CHA-CHA	L'une des danses les plus populaires de l'histoire de la musique cubaine. Le style, qui s'inspire du danzon, a atteint son apogée dans les années 1950. L'Orquestra Aragon l'incarne depuis plus de six décennies.
CHAMANÉ	L'un des plus importants styles traditionnels argentins qui tire son origine de la région de Corrientes au nord-est du pays, où la culture Guarani a reçu les influences de la valse, de la mazurka, de la polka et des rythmes africains.
CHANT DIPHONIQUE	Type de chant de Mongolie et de Touva par lequel un chanteur émet simultanément plus d'un son avec une note fondamentale et une série d'harmoniques.
CHIMURENGA	Genre contemporain de culture shona au Zimbabwe associé à la libération du pays dans les années 1970. Rendu célèbre à l'étranger par Thomas Mapfumo, ce style fut associé dès le début au piano à pouce Mbira.
CHORO	Style de musique instrumentale brésilienne qui tire son origine des musiques de salon européennes et du fado portugais. Les instruments principaux sont la guitare, le cavaquinho, la flûte et la clarinette.
COMPAS ou KONPA	Genre créé en Haïti dans les années 1950, qui fut influencé par le merengue dominicain et la musique cubaine, et qui influença, à son tour, la musique des Antilles françaises. Le compas est devenu le genre national du pays pendant plus de trente ans.
COMPLAINTE	Chanson traditionnelle au ton plaintif, dont le sujet est en général tragique ou pieux.
CONTREDANSE	Danse qui naît en Angleterre sous le nom de «*country dance*» et qui va connaître beaucoup de succès en France durant tout le XVIIIᵉ siècle. La contredanse française est l'ancêtre du quadrille.
CUMBIA	Genre populaire de la côte atlantique qui a atteint le statut de musique nationale en Colombie. Originalement interprété avec voix et percussions, on l'a par la suite modernisé avec cuivres et claviers. Le genre est maintenant considéré comme l'un des principaux en Amérique latine.
DANZON	Style cubain d'influence française où la flûte et le violon sont mis en évidence.

DASTGAH	Comprend douze grandes collections de pièces de la tradition classique persane.
DHRUPAD	Style vocal classique très ancien de la musique de l'Inde du Nord. Il est considéré comme l'une des formes les plus pures du raga.
DOINA	Style folklorique mélancolique roumain.
DUB	Musique électronique jamaïcaine née dans les années 1970 et modernisée par la suite en Angleterre. Elle favorise l'art du remixage par les disc-jockeys.
FADO	Genre portugais apparu dès 1829 dans le quartier Alfama de Lisbonne, mais qui s'est également développé à Coimbra. Reconnu pour la saudade, à la fois expression profonde de la nostalgie et acceptation de la destinée.
FANDANGO	Type de chant associé au cante chico, c'est-à-dire le côté léger et plus frivole du flamenco.
FLAMENCO	Terme générique qui regroupe un ensemble de chants et de danses. Le genre se manifeste en Andalousie au milieu du XIXᵉ siècle et incarnera l'âme espagnole avec le cante jondo, son chant profond, les guitares, les castagnettes, les battements de mains et l'appel à la danse.
FOLK	Musique urbaine américaine qui favorise l'expression d'un auteur-compositeur généralement accompagné d'une guitare ou d'un piano.
FORRO	Style brésilien du nord-est dont le nom vient de «*for all*», et originalement conçu autour du sanfona, d'un tambour et du triangle.
FREVO	Rythme du carnaval de Recife au Brésil.
GAMELAN	Type d'orchestre de percussions mélodiques qui s'est développé dans la région centrale de Java et à Bali en Indonésie. À Java, l'orchestre peut être composé de quatre-vingts instruments et d'un chœur de quinze personnes.
GHAZAL	Chant poétique, mystique et délicat d'origine persane qui s'est implanté au sein de la musique hindoustanie de l'Inde du Nord.
GNAWA	Musique de transe traditionnellement employée pour les rituels de guérison par les descendants d'esclaves ouest-africains au Maghreb et interprétée avec le luth guimbri, de grandes castagnettes crotales ou des tambourins bendir et de grands tambours. Le style fait l'objet d'un renouveau depuis un peu plus de dix ans.
GUARIJA	Complainte campagnarde souvent qualifiée de blues cubain.

GWO KA	Style traditionnel guadeloupéen mettant en valeur le chant, la danse et la percussion. Le genre fut l'un des éléments moteurs du développement du zouk.
HABANERA	Danse lente qui prend racine à La Havane au début du XIXe siècle. C'est l'une des origines du tango.
HIGHLIFE	Musique populaire urbaine nigériane et ghanéenne apparue dans les années 1920, qui s'inspire aussi bien du jazz que des musiques caraïbes, et qui est jouée avec des guitares et une section de cuivres.
HINDOUSTANIE	Se dit de la musique classique de l'Inde du Nord.
HORA	Danse en cercle des Balkans que l'on pratique souvent sous forme de rituel durant les mariages et les funérailles.
JAZZ MANOUCHE	Style musical issu de la création de Django Reinhardt et notamment joué en France, en Allemagne, en Belgique et en Hollande.
JIT	Musique de danse très percussive du Zimbabwe.
JUJU MUSIC	L'un des plus importants genres de musique populaire nigériane de la deuxième moitié du XXe siècle. Il tire son origine des rites vaudou de la tradition yoruba et se pratique avec de grands orchestres comprenant guitares et percussions.
KAFI	Poésie mystique de la région de l'Indus au Pakistan, près de la frontière avec l'Inde. Comparable à la ballade avec des refrains et des couplets.
KLEZMER	Terme yiddish qui signifiait originalement «musicien». Le mot désigne également un genre que les Juifs d'Europe orientale ont importé aux États-Unis, dont les instruments principaux sont le violon et la clarinette, et qui fait l'objet d'un renouveau (*revival*) depuis les années 1970.
KUCHESTANI	Musique traditionnelle montagnarde tadjik.
KWAITO	Style sud-africain qui s'est développé dans les années 1990 et qui fusionne la musique locale avec le hip-hop, le reggae, le house et le rythm and blues.
KWASSA KWASSA	Danse élaborée en République démocratique du Congo dans les années 1980.
MAKOSSA	Genre de musique populaire urbaine conçue dans les années 1950 à Douala au Cameroun. Il comprend généralement une rythmique funky, une section de cuivres avec des instruments occidentaux, des influences jazz et parfois latines. Rendu célèbre internationalement par Manu Dibango.
MALAGUENA	Style musical très libre associé au flamenco et originaire de la ville de Málaga.

MALOYA	Style traditionnel réunionnais développé par les descendants d'esclaves africains. Il met au premier plan les polyphonies complexes et les chœurs à répondre.
MAMBO	Danse à deux temps rendue célèbre au Mexique par le pianiste cubain Perez Prado, puis popularisée aux États-Unis.
MANDINGUE	Se dit de la tradition du chant épique et des grandes histoires familiales interprétées par les djelis ou griots, des anciens musiciens de cour, depuis le XIIIe siècle au Mali, au Sénégal, en Guinée et en Gambie. Aujourd'hui, cette musique n'est plus seulement du ressort des griots.
MAQÂM	Forme modale classique du monde arabe. Le mot qui veut dire « place » ou « situation » se réfère à l'échelle orientale qui renferme une énorme diversité de sons.
MARACATU	Danse brésilienne aux racines religieuses, de la région de Recife dans le nord-est.
MBALAX	Genre issu de la tradition des Wolofs sénégalais, originalement interprété par des ensembles de percussions sabars, modernisé à la fin des années 1960 et devenu depuis le genre le plus populaire au pays, grâce entre autres à Youssou N'Dour.
MBAQANGA	Genre populaire sud-africain apparu dans les clubs clandestins des *townships* à la fin des années 1950 sous l'apartheid. Caractérisé par la présence du saxophone et de la guitare électrique, ce style dansant fut également influencé par les harmonies vocales du doo wop américain.
MBUBE	Forme de chant choral sud-africain influencé aussi bien par le chant zoulou que par les harmonies afro-américaines. Ladysmith Black Mambazo a contribué à la reconnaissance internationale de ce style.
MENTO	Ancêtre du reggae, apparu en Jamaïque au début du XXe siècle, le mento est l'une des premières musiques caraïbes enregistrées sur disque.
MERENGUE	Musique de danse très rythmée de la République dominicaine qui, dans sa forme la plus traditionnelle, est interprétée avec un accordéon, deux tambours, un chanteur et un guiro, mais qui fut modernisée et popularisée dans toutes les Amériques.
MILONGA	Chant du gaucho argentin. Le style est plus rapide que le tango.
MOUTH MUSIC	Chant écossais *a capella*, sur lequel on danse.
MORNA	Style mélancolique et poétique du Cap-Vert qui incarne le sentiment de saudade de ce peuple des îles. Cesaria Evora a obtenu un triomphe international en l'interprétant.
MPB	Terme qui signifie littéralement « *musica popular brasileira* », c'est-à-dire « musique populaire brésilienne ».

MUSETTE	Genre inventé par les musiciens migrants d'Auvergne qui sont arrivés à Paris vers 1880. Au son de la boîte à frisson, le musette a connu son apogée dans les années 1920 et 1930 dans le quartier de la Bastille. Longtemps boudé par l'élite française, le genre a connu un regain de vie dans les années 1990 grâce, entre autres, aux disques de Paris-Musette.
NÉOTRADITIONNEL	N'est pas un genre ni un style, mais plutôt un état d'esprit musical associé au revivalisme, c'est-à-dire à une relecture des musiques traditionnelles.
NUEVA CANCION	Courant de chanson sociale et politique, souvent d'inspiration traditionnelle, qui s'est développé en Amérique latine dans les années 1960 et 1970, et qui est particulièrement associé au Chili, à l'Argentine et à l'Uruguay.
NUEVA TROVA	Pendant cubain de la nueva cancion.
PALM WINE MUSIC	Musique acoustique de la Sierra Leone qui s'est développée sur le littoral du golfe de Guinée et qui est accompagnée par une guitare et des instruments de percussion.
PISHRO	Improvisation à partir d'un thème rythmique en Azerbaïdjan.
POLKA	Style dansant très populaire en Europe dans les années 1840, puis transposé dans le Midwest américain. La polka est associée au développement de l'accordéon aussi bien que des *brass bands.*
POLSKA	Danse traditionnelle suédoise.
QAWWALI	Genre de musique soufie en Inde et au Pakistan. Son aspect original provoque l'extase avec la répétition des mots chantés, l'accompagnement à l'harmonium, le claquement des mains et l'accélération progressive du rythme. Le genre a révélé Nusrat Fateh Ali Khan, l'un des plus grands chanteurs du XXe siècle, toutes catégories confondues.
RADIF	Série de quelques centaines de pièces gushé qui composent le répertoire de la musique classique iranienne, un genre qui laisse une large place à l'improvisation et qui repose sur une série d'échelles modales constituée de séquences mélodiques.
RAGA	Mélodie dans la musique classique indienne. Elle est reliée à des périodes de la journée, à des atmosphères saisonnières ou à des cérémonies.
RAGGAMUFFIN	Style jamaïcain qui s'inscrit dans la lignée du reggae jamaïcain où le toast, une forme de chant rythmé qui est l'ancêtre du rap, devient l'épicentre de la musique.
RAÏ	Terme qui signifie «opinion». À l'origine, le raï est une forme folklorique issue des bergers bédouins, mais qui s'est développée dans la région d'Oran en Algérie. Les jeunes Cheb ont créé, dans les années 1970 et 1980, une version pop en le mélangeant avec du rock, du funk et du reggae.

RANCHERA	Musique des ranchs, d'abord associée aux cow-boys mexicains, puis interprétée par des mariachis romantiques et rendue célèbre aussi bien par le cinéma que par ses « aïe ! aïe ! aïe ! ».
RAPSO	Mélange de poésie dub et de soca.
RA-RA	Musique du carnaval haïtien et d'inspiration vaudou.
REBETIKO	Musique des basses classes, inventée par les Grecs de Turquie qui en furent chassés dans les années 1920. Originalement considérée comme une musique produite dans les clubs illicites, elle est maintenant réhabilitée depuis les années 1970.
REGGAE	Genre jamaïcain apparu dans les années 1960, associé au rastafarisme et rendu célèbre internationalement par Bob Marley. Le reggae continue de faire l'objet de renouveau un peu partout dans le monde.
RUMBA	Genre traditionnel afro-cubain originalement lié aux rituels de la religion santeria et pratiqué avec voix et percussions. Le terme a évolué, dans les années 1950, vers une version très orchestrée et populaire du son.
RUMBA CONGOLAISE	Genre musical de la République démocratique du Congo issu de la réapropriation par les Congolais de la rumba populaire cubaine en transformant les arrangements et en accordant plus de place à la guitare.
SALSA	Genre créé par les artistes portoricains émigrés à New York qui se sont inspirés du son cubain, des autres rythmes caraïbes et du jazz américain pour développer une musique très énergique interprétée en formations de huit à dix musiciens avec une section de cuivres. Le genre fut largement mis sur le marché dans les années 1970 par l'étiquette Fania.
SALSA DURA ou BRAVA	Désigne la salsa new-yorkaise pure et dure, comparativement à la salsa plus romantique qui lui a succédé.
SALSAMUFFIN	Mélange de salsa et de raggamuffin.
SAMBA	Musique des carnavals au Brésil et l'un des genres les plus importants du pays depuis les années 1920 avec la formation des grandes écoles. Le genre est un dérivé du semba que les esclaves ont apporté d'Angola.
SAMBA REGGAE	Style implanté à Bahia par les groupes de carnaval que l'on appelle les « blocos afros ».
SANAM	Style traditionnel ouïgour d'Asie centrale, comprenant une danse continue, dont le tempo augmente progressivement.
SEGA	Le plus important genre de musique de danse dans la plupart des îles de l'océan Indien. On y dénote les influences du musette et du jazz.

SEGGAE	Mélange de sega et de reggae.
SEGUIDILLA	Style flamenco apparu à la fin du XVIe siècle sous forme de chants de rue provocateurs et de danse accompagnés par des raclements de guitare.
SEMBA	Musique traditionnelle angolaise, ancêtre de la samba brésilienne. Popularisée par le chanteur Bonga à l'extérieur du pays.
SKA	Genre jamaïcain, surtout instrumental, né à la fin des années 1950 et influencé par le mento, qui utilise la lutherie du rythm and blues avec le piano, la guitare électrique, la batterie et les cuivres, mais en accentuant la syncope.
SIGUIRIYA	Chant flamenco dérivé du seguidilla.
SOCA	Contraction de «Soul Calypso», le terme qualifie un genre très festif de Trinidad et de Tobago qui est apparu dans les années 1970 alors que l'on a superposé des guitares électriques au son du calypso. Comme dans le reggae, la ligne de base est très syncopée.
SOLEA	Désigne le cante jondo, c'est-à-dire le chant profond du flamenco.
SON	L'un des plus importants genres musicaux cubains qui est né dans la province de l'Oriente à la fin du XIXe siècle et qui mélange les influences espagnoles et africaines. Les sones connaissent un regain de vie sur la scène internationale, depuis la parution du *Buena Vista Social Club*.
SOUFIE	Se dit de la musique de dévotion qui représente la branche mystique de l'islam.
SOUKOUSS	Genre populaire dansant apparu dans les années 1970 en République démocratique du Congo. Par sa filiation avec la rumba zaïroise, le soukouss accentue le rôle du guitariste et renforce l'animation sur scène.
TANGO	Genre populaire qui s'est développé dans les rues, les bars et les bordels de Buenos Aires. Originalement, cette musique immigrante a emprunté aussi bien au flamenco andalou qu'aux mélodies de l'Italie du Sud, à la habanera cubaine, au candomble africain ou à la polka et à la mazurka européenne.
TANGO FLAMENCO	Associé à l'esprit le plus informel et spontané du flamenco. Dénué de théâtralité, c'est le plus léger des styles des anciens cantes.
TARAAB	Genre de la région de Zanzibar, qui a une filiation avec la musique classique arabe, mais qui est interprété en swahili et qui intègre aussi bien des mélodies indiennes que des percussions africaines, des éléments de salsa et de soukouss congolais.
TARANTA	Style musical très libre associé au flamenco.

TEX-MEX	Genre frontalier né de la fusion des rancheras mexicaines, des boléros et de la polka. La musique est interprétée par de petits orchestres nommés «conjuntos» qui utilisent l'accordéon, le bajo sexto (une guitare à douze cordes), la basse et la batterie.
TRAD	Terme générique qualifiant les nouvelles musiques traditionnelles généralement urbaines et souvent métisses.
TROPICALISME	Genre brésilien créé entre autres par Caetano Veloso et Gilberto Gil à la fin des années 1960, et qui intégrait plusieurs musiques régionales du pays au rock et à la guitare électrique.
TSIGANE	Terme générique utilisé pour qualifier les musiques du peuple rom, du Rajastan indien jusqu'à la péninsule ibérique en passant par le Moyen-Orient ou l'Europe centrale et orientale.
TWARAB	Style de la Grande Comore qui est une variante électrifiée du Taarab de Zanzibar.
VAI	Court poème lyrique qui renferme un refrain et qui provient du Sind, à l'extrémité sud-est du Pakistan.
VALLENATO	Style colombien de la région de la vallée Valledupar sur la côte atlantique. Le style est caractérisé par la rythmique d'origine africaine, et par l'accordéon qui en est l'instrument principal.
WASSOULOU	Style musical créé à Bamako dans les années 1970 par les musiciens originaires de la région de Wassoulou au sud de la capitale malienne. Le style emprunte à la tradition des chasseurs avec le kamele n'goni comme instrument principal aussi bien qu'au sogoninkum, une danse acrobatique qui favorise l'expression du chant féminin.
ZOUK	Genre contemporain des Antilles françaises rendu célèbre par le groupe Kassav dans les années 1980 et qui s'inspire des rythmes traditionnels autant que des styles voisins comme la béguine, le merengue, le compas direct, le guaguanco ou le danzon.
ZYDECO	Style contemporain dérivé de la musique créole et qui fusionne avec le blues et le rythm and blues au son de l'accordéon, de la batterie, de la guitare électrique et souvent des cuivres. Le terme vient de l'expression «les zaricots sont pas salés», une façon d'exprimer la pauvreté, le blues de la vie ou même une contrariété sexuelle.

GLOSSAIRE DES INSTRUMENTS*

AFOXÉS	Instrument de percussion de la samba brésilienne fait de bois ou de plastique. On l'utilise maintenant dans le reggae.
AGOGÔ	Instrument de percussion brésilien constitué d'une double cloche en métal que l'on frappe.
ALOOGOZA	Double flûte propre à la tradition de la caste des Langas, au Rajastan, en Inde.
ARGUL	Double clarinette égyptienne. L'une sert à jouer la mélodie et a généralement de cinq à six trous, l'autre est plus longue et ne produit qu'une seule note.
ARMONIA	Petit harmonium afghan à soufflet manuel.
ARMONICO	Instrument à sept cordes métalliques inventé par Compay Segundo dont le son se situe entre la guitare et le tres cubain.
ATABAQUE	Tambour brésilien frappé à la main constitué d'un long fût conique avec une peau grave. On le retrouve dans la capoeira.
BAJO SEXTO	Guitare mexicaine à douze cordes.
BALAFON	Xylophone possédant de dix-sept à vingt-deux lames en bois munies de petites calebasses qui servent de résonateurs.
BANSURI	Longue flûte traversière en bois ou en bambou, propre, entre autres, à la musique de l'Inde du Nord.
BARBAT	En Asie centrale, luth au manche court qui serait l'ancêtre de l'oud arabe ou du luth pipa chinois.
BENDIR	Tambour constitué d'un cadre circulaire, sur lequel une peau de chèvre est tendue et que l'on retrouve au Maghreb de même qu'au Proche et au Moyen-Orient.

---

* Dans plusieurs cas, à cause des disparités géographiques et culturelles, les instruments se retrouvent sous différentes appellations. En règle générale, et à moins que le terme ne fasse l'unanimité auprès des auteurs de tous les ouvrages consultés, nous avons choisi le nom qui apparaît sur les pochettes des disques où il est question de l'instrument.

BERIMBAU	Arc musical brésilien, originaire d'Angola, frappé avec un bâtonnet, manipulé avec une petite pierre et qui accompagne la capoeira.
BODHRAN	Tambourin irlandais que l'on frappe avec une mailloche en bois à double tête.
BOLON	Harpe mandingue faite d'une calebasse et d'un manche courbe.
BOMBO	Tambour traditionnel à la forme cylindrique, populaire dans les pays andins.
BONGOS	Paire de petits tambours jumelés qui constituent un instrument central de la musique latine.
BOREL ou ACCORDINA	Instrument qui se situe entre l'accordéon et l'harmonica.
BOTIJA	Cruche en céramique ou en terre cuite, servant originellement à transporter l'huile d'olive, dans laquelle on souffle pour produire un son grave. Utilisée dans les orchestres de son cubain en remplacement de la contrebasse.
BOUZOUKI	Luth grec au long cou avec des cordes de métal. L'instrument fut adopté par les joueurs de musique irlandaise au cours des années 1970.
BOUZOUQ	Luth à long manche que l'on retrouve en Syrie et au Liban.
CACHICHI	Espèce de *shaker* brésilien que l'on retrouve avec le berimbau dans la capoeira.
CAICA	Tambour brésilien utilisé pour la samba. Le corps est en métal et d'un diamètre approximatif de trente centimètres.
CAJON	Instrument de percussion d'origine cubaine en forme de boîte de bois carrée, frappé avec la main et souvent utilisé dans le flamenco ou dans la musique afro-péruvienne.
CALEBASSE	Instrument de percussion de basse fait à partir d'un récipient formé par le fruit vidé et séché du calebassier.
CAMPANA	Cloche rustique que l'on frappe avec un bâton en bois.
CATA	Paire de bâtons que l'on frappe sur le bord d'un tambour pour la rumba afro-cubaine.
CAVACO	Petite guitare brésilienne.
CAVAQUINHO	Petite guitare à quatre cordes populaire dans le monde lusophone.
CHARANGO	Petit instrument andin à dix cordes pincées, dont la caisse est construite dans la carapace d'un tatou.
CHECO	Instrument de percussion péruvien.
CHICO	Tambour du candombé afro-uruguayen.

CHIMES	Barres suspendues à la verticale que l'on frappe avec un maillet.
CHOCALHO	Sorte de grand *shaker* qui est incorporé à la batterie et que l'on retrouve dans la musique brésilienne.
CISTRE	Instrument de la famille des luths et utilisé en Europe. Également appelé «cétéra».
CLAVE	Paire de bâtons ronds qui sont frappés l'un contre l'autre et que l'on utilise dans la musique cubaine.
CONCERTINA	Terme parfois utilisé pour désigner l'accordéon diatonique.
CONGAS	Hauts tambours qui se jouent généralement en couple et qui constituent un instrument central de la musique latine.
CRAQUEB	Sorte de castagnettes constituées de disques métalliques assemblés sur une tige.
CRISTAL DE BASCHET	Orgue de cristal composé d'une cinquantaine de tiges de verre. Frottées avec les doigts, ces tiges font vibrer une plaque de métal dont le son est amplifié par des cônes en fibre de verre.
CROMORNE	Instrument à vent dont l'origine remonte à la Renaissance et dont l'usage fut répandu à la cour française au XVIIe et au XVIIIe siècles.
CUATRO	Petite guitare vénézuélienne à quatre cordes doubles.
CUICA	Petit tambour joué avec une guenille trempée.
CULO E'PUYA	Tambours cylindriques du Venezuela.
CUMACOS	Tambour du Venezuela.
CYMBALUM	Cithare à quarante-huit cordes frappées qui est partie prenante des musiques d'Europe centrale.
DAF	Petit tambourin populaire en Azerbaïdjan ou dans les pays arabes, utilisé dans la musique persane au XIXe siècle.
DAHOLLA	Type d'alto de la famille des violons.
DARBOUKA	Tambour en forme de gobelet que l'on retrouve dans le monde arabo-musulman, du Maroc à l'Inde.
DHOL	Tambour qui accompagne les danses des Pachtouns en Afghanistan.
DHOLAK	Tambour traditionnel à deux côtés qui sert d'accompagnement rythmique pour le qawwali.
DIDGÉRIDOU	Long tube d'eucalyptus creusé par les termites et propre aux aborigènes d'Australie.
DJEMBE	Tambour d'Afrique de l'Ouest en forme de gobelet taillé dans un tronc d'arbre.

DOBRO	Type de guitare *slide* avec résonateur à métal, que l'on joue avec un goulot.
DOMBRA	Luth à deux cordes joué par les bardes du Kazakhstan.
DONGLIM	Flûte de bambou du Bhoutan.
DOUDOUK	Type de petit hautbois à anche double. L'instrument incarne la culture traditionnelle arménienne.
DUGGI	Petite timbale propre aux Bauls du Bangladesh.
DULCIMER À MARTEAU	Grande cithare avec plusieurs cordes doubles que l'on trouve aux États-Unis et dans les îles Britanniques, et dont on joue avec des bâtons en bois ou de petits maillets.
DUTAR	Luth au long manche et à deux cordes, propre aux cultures ouzbek, tadjik, turkmène, ouïgour et à quelques autres.
FARFISA	Orgue portatif.
FLAGEOLET	Flûte à bec généralement percée de six trous.
GAIDA	Cornemuse à anche simple que l'on retrouve de l'Europe de l'Est à l'Asie Mineure.
GAITA	Désigne aussi bien le hautbois traditionnel du Pays basque que la cornemuse de Galice et des Asturies (Espagne) ou un type de flûte de bambou en Amérique latine.
GANZA	Instrument de percussion brésilien contenant des coquillages ou des perles de verre.
GASBA	Flûte de roseau sans bec que l'on retrouve en Égypte.
GHIJAK	Violon au manche court à trois ou quatre cordes de métal sans frettes, propre aux cultures ouzbek, tadjik et turkmène.
GIGIN	Cithare au long manche en bois qui est considérée comme l'instrument des sages en Chine.
GONG	Instrument de percussion constitué d'une plaque de métal circulaire.
GUIMBRI	Grand luth au son d'une basse ancestrale à trois cordes, recouvert d'une peau, et que l'on retrouve principalement dans la musique gnaouie au Maroc.
GUIMBARDE	Petit instrument que l'on maintient dans la bouche, fait de deux branches de fer et d'une languette métallique.
GUIRO	Calebasse évidée, striée sur l'un de ses côtés. On frotte une baguette le long de ces rainures. Instrument de la musique cubaine.
GUITARÓN	Sorte de guitare ventrue à six cordes utilisée par les orchestres de mariachis.

HARPE CELTIQUE	Petite harpe triangulaire qui fut longtemps au service de la poésie parlée et chantée, et qui fait l'objet d'une renaissance depuis trois décennies.
HÉLICON	Instrument à vent en cuivre qui est une sorte de tuba contrebasse avec un très grand pavillon.
HODDU	Luth à cordes pincées que l'on retrouve en Afrique de l'Ouest.
IMZAD	Petit violon à une corde propre aux Touaregs d'Afrique du Nord.
JALEOS	Cris d'encouragement souvent lancés dans le flamenco.
JOUHIKKO	Lyre de la Finlande et de la Carélie.
KAMALE N'GONI	Harpe-luth à six cordes utilisée par les chasseurs de la région de Wassoulou au Mali.
KAMANTCHE	Vièle à trois ou quatre cordes, utilisée en Iran.
KANJIRA	Tambourin utilisé en Inde du Sud.
KANTELE	Cithare finlandaise.
KARINYAN	Grattoir en métal.
KAVAL	Désigne la flûte traditionnelle bulgare. Elle mesure de cinquante à quatre-vingts centimètres.
KAYAMB	Hochet réunionnais sur cadre de bois, muni de deux rangées superposées de tiges de canne à sucre remplies de graines rondes.
KÉTÉ	Ensemble de quatre tambours tubulaires originaires du Ghana.
KLONG YAW	Long djembe.
KOMUZ	Luth à trois cordes sans frettes, propre à la culture kirghiz en Asie centrale.
KORA	Grande harpe-luth traditionnelle mandingue avec une caisse de résonance en demi-calebasse et que l'on retrouve en Afrique de l'Ouest.
LAOUD	Petit instrument cubain à douze cordes qui s'apparente à l'oud, le luth arabe.
LAP STEEL	Guitare sans frettes que l'on joue sur les genoux. Permet de jouer des tons intermédiaires.
LEGUERO	Grosse caisse d'Amérique latine.
LINGBU	Flûte nomade du Tibet.

MARACAS	Instrument de percussion constitué d'une paire de hochets remplis de graines séchées.
MARIMBA	Désigne un xylophone d'Amérique centrale, du Venezuela ou d'Afrique du Sud qui est composé de bois ou de bambou.
MBIRA	Terme générique regroupant plusieurs instruments à lamelles du sud de l'Afrique.
MÉLODÉON	Petit accordéon diatonique à une rangée. L'instrument est répandu en Angleterre, en Irlande, en Écosse et dans le sud de l'Italie.
MÉLODICA	Instrument à vent apparenté à l'harmonica, mais qui fait partie de la famille des accordéons et qui possède un clavier puisque l'on en joue en soufflant dans l'embouchure.
MOFFOU	Petite flûte ancestrale des paysans mandingues au Mali.
MORIN KHUUR	Violon traditionnel à deux cordes propre à la culture mongole.
NEY	Flûte en roseau sans bec du Moyen-Orient.
N'GONI	Petit luth africain à trois cordes, chez les Peuls, ou à quatre cordes, chez les Bambaras. Ancêtre du banjo.
NICKELHARPA	Vièle à clavier qui provient de la province de l'Uppland en Suède.
N'JARKA	Violon traditionnel malien à une corde.
NJURKLE	Guitare traditionnelle malienne.
OCARINA	Flûte habituellement faite en argile ou en terre cuite et dont la forme ressemble à un gros œuf allongé.
OUD	Luth arabe au manche court, à la caisse en forme de poire, sans frettes, avec cinq paires de cordes en nylon et joué avec un plectre.
OUDOU	Instrument de percussion constitué d'un gros pot en argile percé d'un trou, originaire du Niger et joué avec les mains. Également connu sous le nom de «udu».
OS	Utilisés comme instruments de percussion au Québec.
PALITOS	Bâtonnets cubains.
PALMAS	Battement des mains qui rythme le flamenco et certaines musiques latino-américaines. Signifie d'ailleurs «paumes».
PANDEIRO	Tambourin à sonnailles, c'est-à-dire en grappes de grelots, de la samba brésilienne.
PERCUSSIONS CROTALES	Très grandes castagnettes métalliques propres à la musique gnaouie au Maroc.
PIEDS	Utilisés comme instruments de percussion au Québec.

PIKER ou PIKEUR	Instrument de percussion réunionnais fait de deux ou trois nœuds de bambou et sur lequel on frappe avec des baguettes.
PIPA	Luth chinois avec frettes et quatre cordes de soie.
PLANCHE À LAVER OU FROTTOIR	Planche sur laquelle on brosse le linge et qui sert d'instrument de percussion dans le zydeco louisianais. En anglais: «*wasboard*» ou «*rubboard*».
POYK	En yiddish, grosse caisse et cymbale.
PRATOS	Cymbales brésiliennes caractérisées par un son brillant.
QARQABA	Castagnettes en fer du Maroc.
QAVAL	Tambourin que l'on retrouve en Azerbaïdjan ou au Badakhchan.
QUANOUN	Cithare dont l'usage est répandu au Proche et au Moyen-Orient, de même qu'en Afrique du Nord, et qui est jouée avec deux onglets.
QUIJADA	Mâchoire de cheval ou d'âne utilisée comme instrument de percussion en Amérique du Sud, notamment au Pérou. Comme le guiro, l'instrument est frotté avec un bâtonnet.
QUINTON	Instrument hybride à cinq cordes dont le son renferme les caractéristiques du violon et de la viole.
QUITIPLAS	Instrument de percussion utilisé au Venezuela et fait de bâtons de bambou.
RABAB	Violon propre à la musique classique arabe en Afrique du Nord. D'origine persane, on le connaît également sous les noms de rebec, rababa ou rbâb, de l'Inde à l'Espagne.
RABECA	Violon brésilien que l'on utilisait dans les fêtes religieuses jusque dans les années 1920.
RAWAP	Luth au long manche propre à la culture ouïgour en Chine.
RECO-RECO	Instrument de percussion brésilien constitué d'une planche en bambou ou en fer. Le musicien le frotte avec un bambou.
REPENIQUE	Tambour parlant (ou *talking drum*) du Brésil.
REPIQUE DE MÃO	Instrument de percussion brésilien généralement fait en aluminium. Il se joue avec une main sur la peau du tambour et l'autre qui frappe le corps de l'instrument.
REQ	Tambour du Moyen-Orient et de l'Afrique du Nord.
RIQ	Petit tambourin muni de cymbales que l'on retrouve au Moyen-Orient.
ROULER	Tambour de l'île de la Réunion.
ROULEUR	Grand tambour basse réunionnais.

RUBAB	Luth sans frettes que l'on retrouve au Tadjikistan et en Afghanistan.
SABAR	Tambour sénégalais qui constitue la base rythmique du mbalax. Se dit aussi d'un orchestre de cinq ou de sept tambours wolofs.
SANTOUR	Cithare d'origine persane, sur caisse, généralement en forme de trapèze, dont on frappe les cordes.
SARANGI	Vièle dont les sonorités se rapprochent parfois de la voix humaine. Il s'agit du principal instrument à cordes de la musique classique hindoustanie de l'Inde du Nord et de l'instrument traditionnel du Rajasthan.
SAZ	Luth au long manche qui existe sous plusieurs formes de l'Iran jusqu'à l'Asie Mineure.
SHAKUHACHI	Flûte à bec de bambou que l'on trouve au Japon et en Chine.
SHANG-QUBYZ	Type de guimbarde que l'on trouve chez les nomades en Asie intérieure.
SHEHNAÏ	Hautbois de l'Inde du Nord.
SHEKERÉ	Hochet propre à la musique afro-cubaine, d'origine africaine et fait avec une calebasse perlée.
SHENG	Orgue à bouche chinois.
SIFFLET	Petite flûte à bec métallique que l'on connaît en Irlande sous l'appellation «*tin whistle*».
SITAR	Instrument au long manche emblématique de la musique classique de l'Inde du Nord, du Pakistan et du Bangladesh, qui possède des cordes sympathiques et des cordes harmoniques.
SOUSAPHONE	Cuivre qui fait partie de la famille des hélicons.
SURDO	Instrument de percussion de la samba brésilienne en forme de grosse caisse.
SYBYZGHY	Flûte en roseau ou en bois chez les nomades en Asie intérieure.
TAMA	Petit tambour en bois que l'on retrouve en Afrique de l'Ouest, que l'on tient sous le bras et dont on joue avec une baguette. On crée plusieurs notes en pressant avec le bras les lanières qui tendent la tête en peau de chèvre. Également connu sous le nom «*talking drum*».
TAMANI	Petit tama, en langue mandingue.
TAMBOR DE PARRANDA	Nom d'un style musical vénézuélien aussi bien que de tambours que l'on utilise pour l'interpréter.
TAMBORIM	Type de tambourin brésilien. Il s'agit d'un petit instrument avec beaucoup de résonance.

TAMBOUR À MAILLOCHE	Tambour frappé avec une baguette au bout de laquelle il y a une boule garnie de peau.
TAMBOUR D'EAU	Instrument africain composé de deux calebasses remplies d'eau et qui est frappé avec des mailloches ou de petites calebasses.
TAMBOURIN	Petit tambour sur cadre. En anglais : «*frame drum*».
TAMBOURS BATÁ	Tambours sacrés de la santería afro-cubaine. Faits de deux membranes, ils se jouent des deux côtés, à mains nues. Le plus petit se nomme «okónkolo», celui de taille intermédiaire «itótele», et le plus grand «iyá».
TAMBOURS MÉTALLIQUES	Instrument confectionné avec des barils de pétrole, populaire à Trinité-et-Tobago. Bien connu sous l'appellation anglaise «*steel drums*».
TANBUR	Luth au long manche propre à la musique classique des peuples ouzbek, tadjik et ouïgour.
TANPURA	Instrument ayant quatre à six cordes d'accompagnement et servant à créer le bourdon dans la musique indienne.
TAN TAN	Instrument de percussion brésilien qui se joue à deux mains. L'une frappe sur la peau du tambour et l'autre sur le corps de l'instrument.
TAR	Luth à six cordes et au manche court, propre à la musique classique du Caucase et d'Iran. Il s'agit également du nom d'un large tambourin bien connu dans plusieurs pays arabes.
TAROIS	Instrument de percussion brésilien connu sous le nom «tarol» et constitué d'une caisse acoustique avec une peau naturelle des deux côtés.
TAROLA	Caisse claire associée à la musique brésilienne.
TARR	Tambour sur cadre à cymbalettes.
TBÂL	Tambour cylindrique nord-africain recouvert à chacune de ses extrémités d'une peau tendue par des cordes.
TEMIR-QOBYZ	Guimbarde en métal propre à la culture kirghiz en Asie centrale.
THEREMIN	Boîtier électronique possédant deux antennes sensibles à la variation du champ électrique produit par l'homme.
TIMBA	Tambour brésilien de forme conique.
TIMBALES	Instrument cubain de percussion qui est composé de deux tambours cylindriques en métal.
TIMBAO	Instrument de percussion du Brésil. Sa forme représente une synthèse de l'atabaque, de la conga et du djembe.
TIMPANI	Timbale jouée avec un maillet et pourvue d'une pédale grâce à laquelle on peut modifier la tension.

TRES	Type de guitare à trois paires de cordes populaire dans les Caraïbes.
TRIANGLE	Utilisé à titre d'instrument de percussion que l'on retrouve entre autres au Brésil et en Louisiane.
TULAK	Flûte traversière de bambou en Afghanistan.
TUMBA	Tambour s'apparentant à la conga, mais plus gros.
UILLEANN PIPES	Cornemuse irlandaise que l'on joue sur les genoux et dont les soufflets sont actionnés avec les coudes.
VALIHAH	Cithare tubulaire traditionnelle malgache. Également connue sous le nom «vali».
VIÈLE-À-ROUE	Instrument répandu en Europe et dont les cordes sont frottées par une roue qui est actionnée par une manivelle.
VIOLON HARDANGER	Petit violon de l'Ouest norvégien généralement constitué de huit ou neuf cordes. Porte aussi le nom «Hardingfele».
YANGCHEN	Cithare apparentée au dulcimer à marteau et qui est originaire de Chine.
YOUYOUS	Cris modulés poussés par les femmes arabes.
ZABUMBA	Sorte de grosse caisse que l'on retrouve dans le nord-est du Brésil.
ZARB	Tambour en forme de gobelet en bois, propre à la musique classique iranienne. Aussi connu sous le nom «dombak».
ZIRBAGHALI	Tambour en forme de calice qui est apparenté aux cultures d'Afghanistan et du Badakhchan.

BIBLIOGRAPHIE

OUVRAGES :

BAILLARGEON, Richard et CÔTÉ, Christiane, *Destination ragou : une histoire de la musique populaire au Québec*, Montréal, Éditions Triptyque, 1991.

BENSIGNOR, François (dir.), *Les musiques du monde*, Paris, Larousse, Guide Totem, 2002.

BROUGHTON, Simon, *World Music 100 Essential CDs*, London, The Rough Guide, 2000.

COLLECTIF, *All Music Guide, the best CDs, Albums and Tapes*, San Francisco, Miller Freeman Books, 1998.

COLLECTIF, *The New Grove Dictionary of Music and Musicians*, New York, Macmillan Press Limited, 2001.

COLLECTIF, *The New Grove Dictionary of Musical Instruments*, New York, Macmillan Press Limited, 1984.

COLLECTIF, *The Norton/Grove Concise Encyclopedia of Music*, London, Macmillan Press Limited, 1988.

COLLECTIF, *World Music. Africa, Europe and Middle East*, vol. 1, London, The Rough Guide, 1999.

COLLECTIF, *World Music. Latin and North America, Caribbean, India, Asia and Pacific*, vol. 2, London, The Rough Guide, 2000.

LECOMTE, Henri, *Guide des meilleures musiques du monde en CD*, Paris, Bleu Nuit éditeur, 2001.

SCHAEFFNER, André, *Origine des instruments de musique. Introduction ethnologique à l'histoire de la musique instrumentale*, Paris, Éditions de l'École des Hautes Études en Sciences Sociales, 1994.

STEWARD, Sue, *Latin 100 Essential CDs*, London, The Rough Guide, 2001.

SITES INTERNET :

Afro Jazz : http://www.afrojazz.com/

Agricultures, cultures africaines :
http://www.africultures.com/index.asp

All About Jazz : http://www.allaboutjazz.com/index.html

AMG All Music Guide : http://www.allmusic.com/

BBC : http://www.bbc.co.uk/radio3/world/

Brazilian Percussion : http://www.brazilianpercussion.com

Ceolas : http://www.ceolas.org/ceolas.html

Des musiques en mémoire :
http://radio-canada.ca/refuge/musiques_memoire/

Dirty Linen : http://www.dirtylinen.com/

Folk World : http://folkworld.de/21/e/index.html

FRoots : http://www.frootsmag.com/

Global Rhythm : http://www.globalrhythm.net/

Global Village Idiot : http://www.globalvillageidiot.net/

Irma :
http://www.irma.asso.fr/cimt/glossaire/glossaire.html

Iwalewa :
http://www.weltmusik.de/iwalewa/media/index.htm

Les Inrockuptibles : http://www.lesinrocks.com/

Longueur d'ondes : http://www.longueurdondes.com/

Mondomix : http://www.mondomix.com

Mundial Music : http://www.mundialmusic.com/

Penguin Eggs : http://www.penguineggs.ab.ca/

RFI Musique : http://www.rfimusique.com/

Raoul Robecchi :
http://members.aol.com/ROBECCHI/fra.instruments.htm

Rootsworld : http://www.rootsworld.com/

Songlines : http://www.songlines.co.uk/

World Music Central : http://www.worldmusiccentral.org/

INDEX ALPHABÉTIQUE

INDEX PAR PAYS D'ORIGINE DES ARTISTES*

* Dans le cas des groupes, le pays indique leur lieu de formation.

Achevé d'imprimer
sur les presses de AGMV Marquis